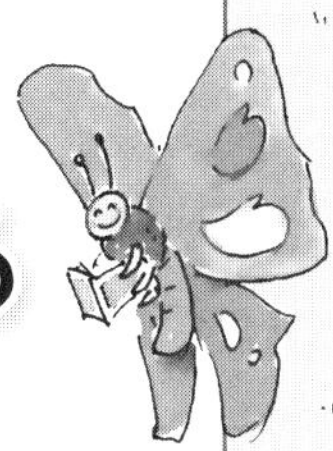

# 自己学習力を育てる国語教室

## ——言語活動を生かす授業の考え方と実践例——

上月 敏子 *KOZUKI Toshiko*

溪水社

# 序 ―実践家として　指導者として―

京都女子大学教授
（前文部科学省教科調査官）　井上　一郎

「教育は、未来からの贈り物である。」これは、私が『教師のプライド』というエッセイ集で書いた言葉である。学校教育は、子どもたちが成長し、社会人として自立したとき、その自立と社会的活動を支えるために行うものである。これは、子ども時代に未来への贈り物をすることと同じである。

ところが、諸外国の視察をするたびに落胆することが多かった。日本の教育が、小学校から中学校へ、さらに高校へと進んでもハイサポートの授業が展開するからである。

授業で最も重視すべき指導内容は、次のようなことだ。

A　基礎・基本となる各教科等の知識・技能
B　各教科等に共通な知識・技能
C　各教科等の学習を支える自己学習力及び思考力

このような指導内容を確実に定着させるためには、次のような学習活動が欠かせない。

課題解決的学習　　能動的学習　　主体的学習
双方向的学習　　体験的学習

こういった考え方は、世界的な動向でもある。日本においても、教育基本法を受けた学校教育法、さらに学習指導要領に具現している。だが、まことに残念なことであり、不思議なことでもあるのは、このような指導法を採用せず、教師が主導する授業を展開する現状が今も各地に見られることだ。何十年も、教育現場に出かけ、改善と改革を求め続けてきた。変革が起こらないことに悲しみさえも覚える悲壮な心情に陥ることもある。

◆

このような中で、私を支え、教育現場へと誘ってくれたのは、どんなに困難な環境であっても、孤軍奮闘で頑張り続ける人々であった。各地の講演や指導に出かけるたびに、砂丘の宝物のようにきらっと輝いている人に出会う。これは、宝探しと一緒だと思う。特に、全国国語教育カンファランスに集う会員の先生方は、毎月例会に通い、厳しく多忙な日々に追われながらも、多くの著作の執筆を行ったり、研究大会のボランティアを行ったりしてきた。何と尊いことか。

上月敏子先生は、早くから自己学習力育成の意義を理解し、実践に生かし続けてきた。授業者としてというより、それは研究的、意図的に授業を行う〈実践家〉として生き続けたと表現すべきであろう。指導主事、教員研修センターの所長、学校長、市教育委員会の学校教育部長として、つまり〈指導者〉として長く勤務されても、実践を忘れることはなかった。辛いことがあったはずだ。多くの教師の指導者として、次々に押し寄せる苦労と困難にさらされてもいたはずだ。教師である前に、女性として、母として、妻として生きる。そのようなプライベートなことの苦労も見せず、研究会に参会し、学び続けた。多くの教師の母親のような存在であった上月先生の功績は、博報賞を文部科学大臣奨励賞として受賞されたことで少し報われた。

本書は、自己学習力をいかに教室に、また国語科に具現するのかを編集したものである。と同時に、一人の女性教師が生きた実践の軌跡でもある。多くの人が手に取り、熟読し、指導内容と指導法を学びながら、同時に自らの生き方をたくましくするのを支えてくれる書物となるだろう。読者の奮起と、上月先生の活躍を期待したい。

# はじめに

本書は、私が教師、指導主事、芦屋市立打出教育文化センター所長、校長、学校教育部長を務めた教師生活後半二十年間の記録である。『実践国語研究』をはじめとした教育関係の書物に寄稿したものや、実践等の取組を中心にまとめたものである。本書の中心テーマである「自己学習力」は、子ども自らが課題に取り組み、考え、表現する、まさに「生きる力」そのものである。子どもが主体的に学ぶ力は、自立する自分の人生を支えるものであり、それは、友達や周囲の人と協働しながら、互いに響き合ってさらに確かなものとなる。

私は、平成二十四年三月、芦屋市立精道小学校校長を最後に、三十八年間の教師生活を終えた。私自身多くの授業公開を行ってきた。また、現在二度目の教員研修を担う芦屋市立打出教育文化センターに勤務するまでに、多くの授業を見てきた。その間、私の願いは、「生き生きと学び合う子どもの姿」を見たいということ一つである。それは、どこまでいっても手が届かないものであるが、その願いに近づく過程の充実感、高揚感、熱さは、確かに感じ取ることができるものだ。一つの実践が、一人の子どもの人生を励まし、支えることがある。

近年若い先生方から国語の授業について相談されたり、国語を研究する学校から国語教室や学校図書館、学校づくりについて相談されたりする機会がある。そんな先生方や学校に、自己学習力を基盤にすえた授業と国語教室づくりの手助けが少しでもできればと思い、本書を刊行した。厚かましくも、身の程知らずにも思ったのである。本書は、自己学習力とは何かという考え方、学習環境づくり、自己学習力と連携させた諸活動、自己学習力を中心に据えた表現力を育てる「話す力・聞く力」「書く力」「読む力」を育てる授業と国語教室づくりの考え方と授業実践例について述べている。私自身が実践する中で実感し、考えてきたことが中心である。振り返れば、何と多くの先生方や子どもたち、保護者・地域の方々と出会い、教えられ、力を借りていたことか。感謝の思いが深くなるばかりである。

◆

中でも、井上一郎先生には、感謝してもしきれないものを感じる。井上一郎先生との出会いが私の教師人生を変えたと言ってもよい。当時、芦屋市立朝日ケ丘小学校で研究推進担当であった私は、何度も講師の井上先生を訪ねて神戸大学へ通った。先生の教えは、国語の授業を実践してきた私にとってある意味衝撃であった。学習課題を設定すること、三次に表現を行うこと、二次はそのための思考過程であること、この三点の指導が具体的に実践を通して語られる。それまで、課題は設定していたが、あくまでも教材文の領域の中での読み深めと発表という実践を行っていた私にとって、単元を子ども主体に構想し、学習材を広げることが理解できず、悩みに悩んだ。しかし、先生は、丁寧に何度も指導してくださった。「先生、五分だけ教えてください。」と厚かましくも大学まで押し掛けたことも何度かある。

同じ気持ちの仲間とともに「兵庫カンファランス」を立ち上げ、現在「関西カンファランス」として今も研究を続けて二十年になる。私のように根気のない人間が、どうして切れずに現在も研究会に参加できるのか、と考えることがある。それは、「こんなことを授業でしてみたら面白いだろうなあ」といつも感じたからである。いつの間にか、私の好奇心や想像力を刺激されているのである。映画のチラシ一枚、駅のイベントチラシ一枚が教材となり、私の授業への好奇心をくすぐるからである。そして、実践してみると子どもが主体となって、だんだんと私の手を離れ、子ども一人一人が力を発揮し個性ある輝きをみせるのである。教師としてこんな喜びはない。

井上先生は、「実践を本にすること、それはだれのためでもない、頑張ってきた自分のために」と本書の刊行を勧めてくださった。先生のご指導を思うと、退職しても自分自身の人生を主体的に歩むことの大切さを改めて思う。序文まで寄せていただいたことに、心より感謝申し上げたい。

# 目次

# 自己学習力を育てる国語教室

——言語活動を生かす授業の考え方と実践例——

# 第一章

# 自己学習力を育てる国語科と国語教室

## 第一節　自己学習力育成の重要性

私には教師として自分の授業を見直すきっかけとなった忘れられない経験がある。

教師として二十年が過ぎた頃に三年生を担任し、国語科で「手ぶくろを買いに」（光村図書　昭和五五～五七年版三年生下）の授業公開を行った。子どもたちは、日頃から活発でよく発表もし、たいへんまとまったよいクラスだった。私もその子どもたちに触発され、教材研究に時間をかけ、発問も考えた。きっとこの授業はうまくいくと半分は安心していた。ところが、当日、子どもたちは、最初こそ活発に自分の読みを発表したが、途中でぱたっと発表をしなくなり、教室の空気は沈滞した。私は、準備していた問いも言えずに教壇に立ったまま、言葉を失った。一人一人の子どもの読みを座席表に記述し分析していた。話し合いの内容によっては、個人を指名することもできた。それなのに、動けなかった。なぜ子どもたちの思考が止まってしまったのだろう。子どもたちに原因があるのではない。それは分かった。

私が目指していたのは、子どもたち一人一人が自分の読みをもち、それを基に発表して拮抗の場をつくり、教師の発問によってさらに話し合いが深まる、活発な勢いのある授業である。そういう授業もあるだろう。でも、いつもそうではいけない。目の前の子どもたちは、もっと違う何かを求めているのではないか。

いろいろな人の話を聞き、指導を受け考えた結果、私の授業には「こう読んでほしい」「これが深い読みだ」という「教師の読み」に近づけるための発問や指導はあっても、子ども自身が主体となって意欲的に考え、追求し、子ども自らが学ぶ授業ではないのではないかということに思い至った。子どもたちがわくわくするような学びの喜びを実感し、そして国語の力が付く授業を求めて、仲間と共に研究を始めた。

## 1　自己学習力とは何か

教師は、子どもたちにとって魅力ある授業を行いたいと思っている。生き生きと輝く顔を授業の中で見たいと思っている。しかし、気が付けば、今日も指導という形で一方的に教えたり、話したりする時間が多かったと反省することが続く。魅力ある授業を考えていくと、まず第一に考えなければならないのは、やはり、子どもという学習者の視点に立つことである。子ども自身が自ら学び、考え、話し合うこと、生きていることを実感する一人の人間として、認められることが必要であろう。個性的な子どもの存在が認められ、集団の中で個が生きる授業、また個が集団を育てる授業を目指したい。そんな思いから、私は、「個が生きる学習」として、子ども一人一人の力を高めつつ、学級集団とのかかわりを重視した「集団で生きる個を目指す国語教室づくり」として、五年生六年生を続けて担任した二年間の実践発表を行っている。[1]

井上一郎は、そうした授業を三つの観点から論じている。[2]

(1)一人が認められる。(個性の尊重)
(2)一人でやれる。(自己学習力の育成)
(3)一人の考えが分かる。(学習者の読みと表現の保証)

このとき、一人でやれるという自己学習力は、集団の中でも育成する。井上は、個人学習――グループ学習――全体学習の有機的な関連の中で自己を生かすようにすることが必要である、と述べる。自己学習力は、一人が認められ一人で考えるとともに、人間関係の中で育つこと、表現と結び付いて他者に伝えるものである。

またそれは、二一世紀を生き抜くために必要な力とつながるものである。平成二五年四月、初等教育資料において、①一人一人が個性ある「自立」した人間を目指すこと、②多様な個性・能力を生かし、他者と「協働」しながら相互作用的に対話すること、③新たな価値を「創造」していくこと、そうしたことができる社会の実現を、目指す目標として提示されたところである。[3]

自己学習力の育成を⑴自ら学び自ら考えるという主体性の問題、⑵自己学習力と自己表現力、自己形成力との関連、⑶自己表現力を付ける、子ども主体の魅力ある授業像、の三観点から考えたい。

### ⑴　自ら学び自ら考えるという主体性を育成する

無藤隆は、主体的に学ぶ力を構成する要素の中核になるものは、学ぶ意欲であり、子どもが対象にはたらきかけ、一連の学習過程を体験することによって育っていくと述べている。[4] 授業の導入、展開、発展、といった学習過程が学習者である子どもにとって、意欲的であるように考えることが大切である。学習過程が課題解決のプロセスになっており、子どもたちが、学習内容やどのように書いたり話したり表現したりすればよいのかが分かり、目標も、学習する過程も自覚することができる。自分にかかわる問題として考えたとき、考える喜びや達成した喜びがわき、力が付く。主体的であるとは、意欲にかかわる問題であるとともに、人の生き方にまでつながる課題なのである。

### ⑵　自己学習力と自己表現力、自己形成力との関連

自己学習力と自己表現力、自己形成力は、切り離せない。井上一郎は、「自己学習力や自己理解力によって、自己表現力は実現し、自己形成へと向かう目的や目標によって完成される」と述べる。[5] 既習の知識や技能を用い、課題を自覚し、自分の感じ方や考えを形成し、協力して表現していく。かかわることによって、自己形成が促され自己の成長へとつながるのである。

### (3) 自己表現力をつける、子ども主体の魅力ある授業像

一人一人の考えの違いが授業を豊かにすること、それが認められる教室であり、教師であることが前提である。面白そうだという意欲を引き出す導入を工夫することが大切である。導入については、

① これから学ぶ内容にかかわる今までの経験や体験を整理する。
② モデルとなる完成作品（朗読劇のビデオ鑑賞、プロや先輩が作った作品など）を視聴して憧れをもつ。
③ 実際に行ってみて、課題意識をもたせる。（発表活動の難しさを実感して、もっと上手になりたいという気持ちにつなぐ）
④ 周囲からの要請やはたらきかけを契機とする。
⑤ 課題につながるきっかけをつくり自分の考えを書き、学級全体で整理をする。

このように単元の目標に応じて、自分とのかかわりで自己学習を行い課題意識や意欲をもたせたい。

また、第二次の学習過程においては、目的に向かいながら思考活動や表現活動を取り入れ、多様に構想することが必要である。個別学習を行うときには集団にどう生かすかを、グループで交流しているときには、個人の考えをどのように生かすかを常に考える必要がある。個人の考えを埋もれさせないで、集団として協働してまとめたり生み出したりする力を付けることが重要である。グループやクラス全体で協議したり、選んだり、まとめたり、決めたりすることは、必ず個の力を育てることにつながるからである。

第三次では、相手を意識し、できるだけ発表や作品の完成を目指したい。この目標が一次から子どもたちに自覚されていることが、単元全体を貫く意欲となるだろう。無藤は、学びの基本要件として次の五点を挙げている。

① 目標を持つ。
② 対象を明らかにする。

③　方法が分かる。
④　基礎的な知識・技能を身に付ける。
⑤　意欲や希望を自分の内面から引き出して育てる能力を伸ばす。(6)
自己学習力を育てることが、自己表現力や人間関係形成力を育て、自己実現につながる。だからこそ、我々教師は、学習者の目が輝くような、面白いと思えるような授業を行うために、学び続けなければならない。

## 2　主体的に学ぶことの大切さ

小学校四～六年生を対象とした学習意識調査によると、日本の子どもたちは、「勉強のできる子どもになりたい」「将来のために今がんばりたい」という学ぶ意欲が低いという結果が公表された。(毎日新聞掲載記事　平成十九年三月八日朝刊)

何のために勉強するのかという目的をもつことが難しい時代であるとしても、学ぶことの意義が実感されにくい社会であるとしても、新しい知識を身に付ける過程で、わくわくするような学びの喜びはどうすれば高めることができるのだろうか。

それには、子どもたち一人一人がまず自分の考えをもち、他者と交流しかかわりながら学んでいく、自主的な学びがなくてはならない。自主的に学ぶとは、以下の三点が学習過程に位置付いていることである。

① 学習の目的や課題が、自己とのかかわりの中で設定され自覚される。
② 単元の学習過程のいろいろな場で他者との協議や協力、対話が交わされる中で学ぶ。
③ 身に付いた力や課題を自覚する評価や振り返りが行われる。

## 3 自己学習力を育てる国語教室づくり――教室の言語環境――

自己学習力を育てる国語教室には、二つの視点がある。一つ目は、学校や教室それ自体が子どもの個の興味や関心をかきたて、学びにつながる言語環境である、ということである。二つ目は、学習の課題を自分の課題として自覚し、目的に向かって自分で考え選択し、決定し表現していく過程を授業で実現することである。

この項では、自己学習力を育てる国語教室を、子どもの自己学習力を育てる言語環境づくりの視点から考えてみたい。

「言語環境」とは何か。「我々の外部に存在し、我々の言語活動・言語生活に影響を与える言語の総体」と森田真吾は定義している(7)。森田は、「物的環境」を「何らかの手段を経て生み出された言葉の集積物及びその表現媒体」とし、「本・新聞・マンガ・テレビ」などを例に挙げている。「人的環境」は、「個人の周囲に存在し、言葉を投げかけてくる実態を伴った人間」であり、「教師・親・友人・地域の人々」などがそれにあたるとしている。その両者が有機的に関連し、相互に影響する複合体であるととらえている(8)。学校においては、子どもたちの周囲にあって影響を与える言語環境を、学級、学年、学校全体を視野に入れて整備し、充実させることが大切である。

学習指導要領第1章第4の2(1)において、以下のように示している。

（1）各教科等の指導に当たっては、児童の思考力、判断力、表現力等をはぐくむ観点から、基礎的・基本的な知識や技能の活用を図る学習活動を重視するとともに、言語に対する関心や理解を深め、言語に関する能力の育成を図る上で必要な言語環境を整え、児童の言語活動を充実すること。」

学習指導要領では、学校全体における望ましい言語環境の整備として、①教師は正しい言語で話し黒板などに正確で丁寧な文字を書くこと、②校内の掲示板やポスター、児童に配布する印刷物において用語や文字を適正に使用すること、③校内放送において、適切な言葉を使って簡潔に分かりやすく話すこと、④適切な話し言葉や文字が用いられている教材を使用すること、⑤教師と児童、児童相互の話し言葉が適切に行われるような状況をつくること、⑥児童が集団の中で安心して話ができるような教師と児童相互の好ましい人間関係を築くこと、などに留意する必要があるとしている。

その際の考え方として、言語環境づくりは、あくまでも学習者主体であり、学習者の自発的な活動を通して言語活動を充実させるという方向で行われるべきであるとしている。(9)

忘れられないエピソードを紹介する。それは、ロビン・ウィリアムズ主演の「ジャック」という映画の一場面である。主人公は、事情により学校に行かずずっと家で暮らしているが、十歳の少年である。（見た目は成人）周りの子どもたちに触発され、初めて学校へ行くことになる。学校を案内する途中、所せましと展示された赤や黄や緑のきれいな色画用紙で作った子どもの作品を見回し、校長先生が、「うん。いい学校だ。」とつぶやく。天井からぶらさがっている展示物、色とりどりの作品、ポスターも、主人公が登校を決めた原因の一つではないかと思える。何と楽しそうなところだろう、学校って何かおもしろそうだな、という主人公の期待感が伝わってくる場面であった。(10)

教師の毎日は多忙である。けれども、今度はどのように子どもの作品を掲示しようか、レイアウトをどうしようかと考えることは楽しい。教師が楽しいときっと子どもに楽しさが伝わるはずだ。言語環境の中核に子どもをすえ、学習者主体に整え考えることで、子どもの情緒は安定し、授業へ向かう意欲が出るのではないだろうか。また、掲示物によって子どもが、自発的に学ぶことも多い。友達の書いた作文や詩、学んでいる物語と同じ作家の本が手に取って見られる位置にある、社会科で作った見学のパンフレット、おすすめの本のカードなど、思わず読んでしまう。言語環境の教育的意義は大きい。何より、学校も教室も校長室も学校図書館も、楽しく明るいとうれしい。

教師一人で何とかしようとせずに、時間をどのように生み出すか、子どもたちと一緒にできることはないか、子どもたちに任せることは何かを保護者や地域の方々を巻き込み、学校や地域全体で考えたい。この項では、基本的な教室の掲示物の例を示す。

## 学級目標

学級開きの日、子どもたちとどんな学級をつくりたいかを話し合って決める。決めた目標を書いた「島」を黒板上部右側に、全員が乗った船を左側に掲示し、みんなが課題を乗り越えるたびに少しずつ船が島に近づく。こういうアイデアを生かした掲示のよさは、常に目標を意識し、挑戦したり、頑張ったり、協力したりしてみんなで目標に向かうことにある。

## 学級の足跡

読み聞かせをした本の題名と挿し絵を短冊にかき、掲示する。だんだんと短冊の数が増え、どのような本を読んだのかが分かり、子どもが学校図書館から借りる本のめやすになる。学級の歴史でもある。

毎月、集めた季節の言葉や気付いたこと、思ったことなどを書いたノートを基に、詩、短歌、俳句等を書いて毎月書き溜めていくことも考えられる。

## 学級の約束

発達段階に応じて、学習や生活のルールを掲示する。「正しい鉛筆の持ち方」「正しい姿勢と立ち方」「正しい座り方」「話し方・聞き方のルール」「基本的な持ち物や言葉のつかい方等学校の約束」「発表の型」などを掲示する。こうした掲示は、学年に応じた掲示内容であること、定着を目指し、掲示物を示しながら繰り返し指導することがポイントである。

## 生き物・植物

生活科や理科の学習に関連する、植物や昆虫を教室で栽培したり、飼育したりする。三年生では、あおむしが卵からさなぎを経て、やがて蝶になるところまで育てる。教室で飼育すると、いつでも観察できること、変化をとらえやすいこと等のメリットのほかに、蝶になって飛び立つ姿をみんなで喜び合うこともできる。

また、家庭科・図工の作品や習字、理科の観察カードなどを相互に鑑賞し合ったり、書いた意見文を教室に掲示し、友達の文章のよさを見つけ、メモして交流したりするなどの活用もできる。掲示物が子どもたちに話題を提供し、子ども同士の対話が広がる。

1年生「民話を読んで、簡単な物語をかこう」の学習掲示

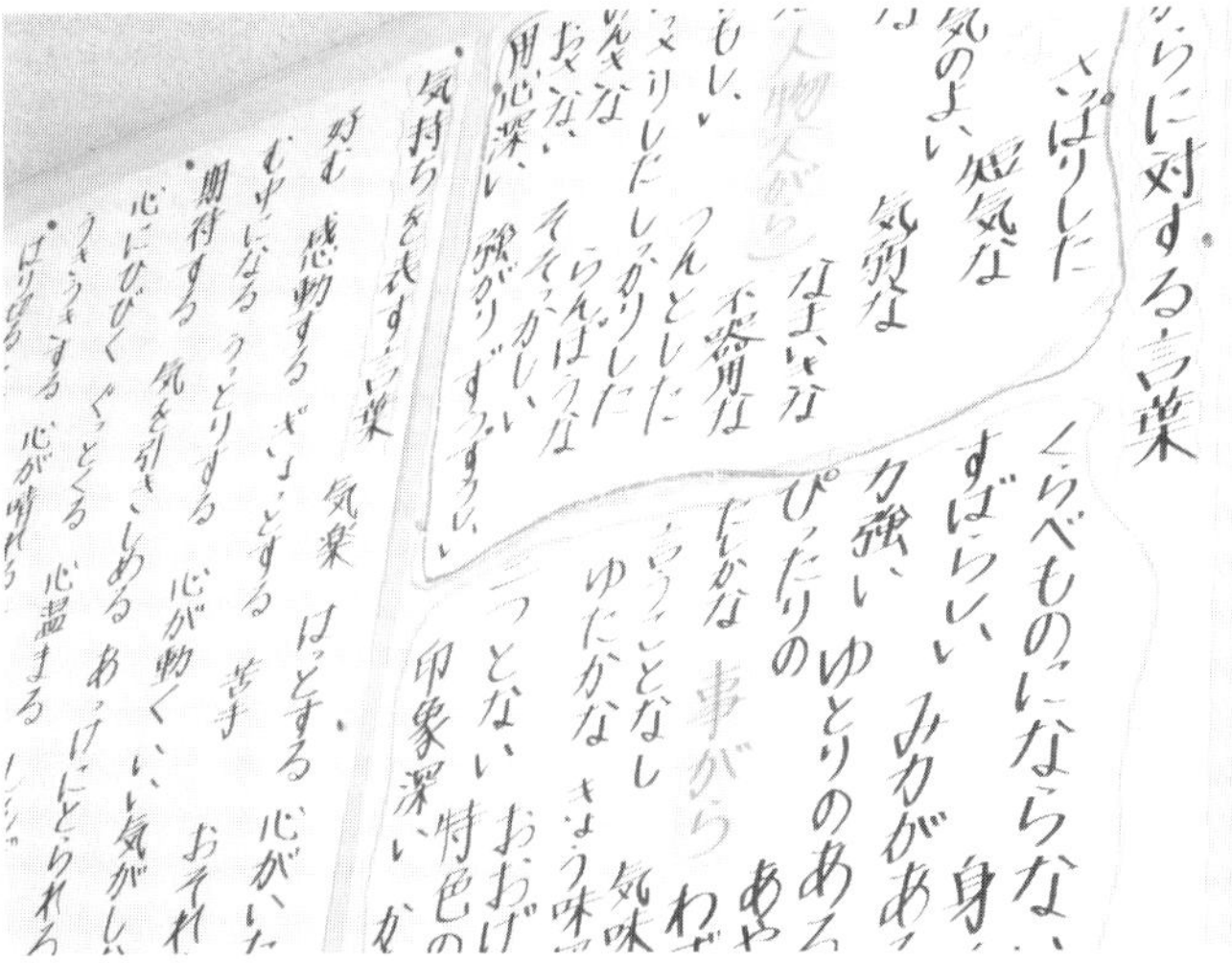

4年生「物語を読んで感想文を書こう」の
「人がらに関する語彙表」と「感想語彙表」

言語環境については、尾崎靖二が「教科係・週計画表・学習ノート・漢字と言葉の事典・学習モデルの宝庫としての図書室」として学習者主体の言語環境を具体的に提案している。参考にされたい[11]。学校図書館の掲示については第二章で触れることにする。

## 第二節　自己学習力と単元構想

### 1　自己学習力を単元構想の基盤にすえる

子どもたちの自己学習力を促すには、先に挙げた三つの要素を含んだ視点を、問題解決のプロセスの基盤にすえて、単元を構想することが求められる。学習のプロセスに応じてポイントを挙げる。

#### (1)　学習課題の自覚と学習計画

自主的な学びは、自分とのかかわりから学習課題を設定することを求める。

① 自分の学びの現実を振り返って、あるいは照らし合わせて課題設定を行う。
② 過去の学習経験や生活体験、読書体験などを整理して課題設定を行う。

作品に出合う前に自分の考えや思いをまとめておくことは、意欲的に学習していく推進力となる。また、学習過程を自覚して計画的に学んでいくことが大切である。学習内容・学習方法・学習形態などの視点がある学習計画を構想する力を育てたい。

### (2) 情報収集・情報の整理活用

単元の課題を設定したら、目的に向かって、読む・取材する・聞き取る・調べる・集約する・選ぶ・分類する・分析する・書く・つくる・語る・発表する、などの活動を展開する。多様なメディアの活用・選択・完成作品やモデルの紹介など、意欲を喚起する方法と、何を使ってどのような視点で行うか、考えるかをワークシートや発問の工夫などで明確に示す手立てが必要である。文章を比べて共通点や相違点をマーキングして考える・書き換える・形式をまねる・編集する、などの言語操作が思考力を育成する。

### (3) 表現・交流・対話

発表には、様々な形や方法がある。声に出すことは、主体的な活動そのものであるので、発表に至る過程で付ける力を明確にして取り組みたい。交流には、異年齢児童との交流、保護者や地域の方との交流や、学級全体やグループ内での対話によるものがある。積極的に取り入れたい。多田孝志は、対話の効果を高める環境設定として「場所・位置関係・机やいす・距離・人数・時間・服装・小道具・色彩・BGM」とともにアイコンタクトを挙げている[12]。

### (4) 評価

学習計画表に基づいて、学習の過程それぞれにおける評価と単元終了後の評価を行いたい。

①発表会のビデオテープや完成したパンフレットなどの作品を見てのモニタリング、課題や目的に応じた評価

②ノートやファイルなど学習記録からの評価

がある。大事な点は、他者評価、相互評価が自分に返り、自己評価となって身に付いた力と今後へつながる課題を自覚することである。「お手紙」の紙人形劇発表会の後、子どもは、「紙人形の動きに合わせて、考えて、ゆっくりはっきりと話す力が付きました」と自己評価している。

## 2　指導内容の系統を考慮する

### (1) 指導内容の系統化

子どもたちの中には、自分の考えをうまく伝えることができなかったり、友達の気持ちを察したりすることが苦手でトラブルに至る例がある。自分の気持ちや考えをもち、相手の話を聞き、対立する意見であっても自分の考えを伝えながら、相互に理解したり協力したりする、相互作用的な「話す力・聞く力」を授業に取り入れる必要がある。

第二章で具体的に述べることになるが、ここでは、自分の学びと他者とのかかわりである対話の力に絞って系統を考える。人間関係の中で子どもたちは生き、成長していく。

**●低学年における重点指導内容**

①　姿勢や呼吸・発声・発音・口形など声に出す基礎・基本を身に付ける。
②　あいづちを打ち、疑問をもちながら集中して聞く。
③　教師や学級全体に向けて、発表したり、話し合ったりする。

自分の体験や経験と結びつけ、話のやりとりが続くように努力する姿勢を育てることが低学年の基本となる。

**●中学年における重点指導内容**

①　相手を見たり、言葉の抑揚や強弱、間の取り方などに注意したりして話す。
②　自分の意見をグループや学級全体の中で明らかにしたり、話し合って意見をまとめたりする。
③　発表の中で、聞き手とのやりとりを積極的に行う。

学校生活にもすっかり慣れ、活発に行動する中学年では、人の話を自分の考えと比べながら能動的に聞き、どんな意見でも受け止め、違いを自覚しながら交流する力を付けたい。

**●高学年における重点指導内容**

①　役割を自覚して会を進行したり、運営したりする。
②　聞き手を意識して、狙いや効果を考えて説明やプレゼンテーション、討論、協議などを進んで行う。
③　話し合いの目的を明確にし、異なった意見でも受け入れ、自分の考えを整理、修正、調整しながら前向きに話し合う。

自我の成長をみる高学年は、他者との考えの違いを理解し、目的に向かって互いに考えを出し合い、協力してより高い結論を導き出す、ともに創造しようとする力を付けたい。

### (2)　教師の自主的な学び

相互作用的な対話力を育てるためには、教師がしっかりと話を聴き、子どもの頑張りやよさを具体的にほめ、力付けることが必要である。それは、教師経験を重ねて身に付くこともあるが、教師の自主的な学びと実践によって身に付くところが大きい。実践者から学ぶ。研修や書物から学ぶ。行動して学ぶ。自ら学ぶ子どもは、自ら学ぶ教師によって育つのである。

### (3)　二学年のまとまりを具体化する観点と方法

「読むこと」の領域の中の「民話」「ファンタジー」という、実際に教科書に取り上げられている文学様式を例に述べたい。それらは、低学年から高学年までの段階を貫いている様式だからである。

### ①　声に出して読む

主体的で目的的な読みという観点から考えると、「ア　音読に関する指導事項」が具体的な観点になるだろう。自分の思いや想像を声に託して出すということは、単に読むということを越えて、文学、表現のおもしろさを味わう、まさに自己表現につながる読みである。

言語活動例では、「ア　本や文章を楽しんだり、想像を広げたりしながら読むこと」「イ　物語の読み聞かせを聞いたり、物語を演じたりすること」が低学年に挙げられている。言語活動を系統的に考えてみると、低学年の民話という段階から始まって、中・高学年では、教科書教材になくても、ストーリーテリングや自己の考えを入れたブックトークの力へと声を出す力を徐々に高めていけば、具体化が図れるだろう。

また、低学年で多く登場する民話の学習を、主体的に声に出すという観点からみれば、まず、一年生の一学期に読み聞かせから入り、自分も読んでみたいという気持ちになったところで、半年は徹底して声に出して読むことを提案したい。民話のもつリズムを実感させ、リズムに即して声を出す力を付けることが、今後の国語学習のみならず、学校生活における基礎となるからである。声を出すことそのものが問題であるので、口を開ける、息を吸う・吐く、などの技術を指導する単元を構想するのである。二学期くらいになると、原文を膨らませたシナリオを、友達といっしょに読むことに広げていく。やがて二年生になり、劇活動や発表会などの言語活動に発展させることが可能である。

### ②　想像を膨らませて読む

読む力の一つである想像する力をどう育てるかを具体化しよう。中学年には、「海をかっとばせ」「白いぼうし」（旧版では「つり橋わたれ」）などのファンタジー教材が教科書に取り上げられている。中学年ともなると、絵や写真を手がかりに場面を想像する力をつける低学年に比べ、文章全体を総合的にとらえる力が付いてくるので、事件とのつながりを読むことができるようになる。言語活動例に「ア　物語や詩を読み、感想を述べ合うこと」「オ　必要な情報を得るために、読んだ内容に関連した他の本や文章などを読むこと」とあるように、中学年では不思議な世界への入り口を他の作品と比べ読みしながら、ファンタジー構造を読む力を付ける言語活動が考えられる。

三年生では、作品の数を絞って比べ読みを行い、不思議さや不可思議さを作品構造の観点から実感し、四年生では、シリーズを読み、登場人物の活躍の仕方や、人物そのものに目を向けることが考えられる。

高学年になると、「ア　伝記を読み、自分の生き方について考えること」が言語活動例として挙がっているように、目的をもって自己の生き方にかかわらせて本を読むことが可能になる。人物のエピソードや言葉、考え方などに着目して読み、それをまとめて語録集や感想文集を編んだり、読書発表会を開いたりする学習が考えられる。『やまなし』を手がかりに宮沢賢治の作品を読んで、宮沢賢治記念館を開こう」といった活動につなげることもできるのである。

### ③　人物のキャラクターに着目して読む

高学年になると自己認識も高まり自我も育ってくるので、文学の背景となっている登場人物の生き方について考えることができるようになる。人物のキャラクターに着目すると、主体的で目的的な読みが可能なのではないだろうか。

民話やファンタジーには、本当の意味でのキャラクターは少ない。「太郎」や「おじいさん・おばあさん」「一年一組のみんな」であったりする。性格でいうと、強い人であったり、同じ年頃の人全体を指していたり、ナンセンスな人であったりする。普遍的なキャラクターである。低学年では絵や写真を見て、すぐに登場人物のキャラクターや行動に自分を重ね、同化して楽しむことができるだろう。

中学年では、事件・出会い・心の交流に焦点をあてながら、人物同士のかかわり合いを読むことができる。また、一つの作品からだけでは、キャラクターがつかみにくいので、「松井さんはどんな人か考えよう」という課題を設定し、シリーズを読むことも考えられる。シリーズを読むことで、作品を貫くキャラクター性が、よりはっきりするからである。

本当の意味で、キャラクターに注目するのは高学年である。言語活動例「ア　伝記を読み、自分の生き方について考えること」において、人物の背景にあるもの、エピソード・考え方・生き方などにふれながら、自分とかかわらせて発表することは、可能である。「宮沢賢治ガイドブックをつくろう」という目的をもって、作品や伝記を複数読み、担当を分担して書き、人物像を浮かび上がらせる。そして、これから生きていく自分と重ねて読むという言語活動を行う。

人物のキャラクターに注目するという観点を五年生と六年生に分けて考えたときに、人物のキャラクターと行動や作品のつながりを考えたり、比べたり、想像したりして、人物にやや比重をかけた読み方を五年生で、自分に引き寄せて、生きていく自分という存在につながるように、人物のキャラクターを読むのが六年生、と考えることもできるのではないだろうか。

このように、文学を読む力を学年に応じて重点化し、作品の特質や子どもの実態に応じて具体化し、自己学習を行いながら、確かで豊かな読みの力を付けたい。

〈２学年のまとまりの具体化・「民話」教材化の視点〉

| | 民話の言語活動 | | | 主な指導事項 | 具体的な指導内容 |
|---|---|---|---|---|---|
| 一年 | 〈音読系列〉<br>・音読<br>（個人読み・<br>一斉読み） | 〈劇系列〉<br><br>群読<br>・テレビ絵本<br>・人形劇<br>（おめん・手人形・指人形・ぬいぐるみ） | 〈読書系列〉<br>読み聞かせを聞くこと<br><br>読み聞かせをすること<br><br>地域の民話の読み聞かせを聞くこと | ア．語のまとまりや言葉の響きなどに気を付けて音読すること。<br>ウ．場面の様子について，登場人物の行動を中心に想像を広げながら読むこと。<br>エ．文章の中の大事な言葉や文を書き抜くこと。<br>カ．楽しんだり知識を得たりするために，本や文章を読むこと。 | 発音<br>（口形・呼吸・姿勢）<br>・腹式呼吸<br>・息のはき方<br><br>〈読み聞かせを聞く〉<br>一人で声に出して読む<br>・敬体の文に読み慣れる<br><br>〈読み聞かせをする〉<br>想像したことや思ったことをつけ加えて原文をふくらませて読む。 |
| 二年 | ・音読<br>（役割読み・<br>グループ読み）<br><br>・紙しばい<br><br>・ストーリーテリング<br>・音読発表会 | ・パネルシアター<br>・エプロンシアター<br><br>・音読劇<br>・音楽劇<br>・オペレッタ<br>・人形劇<br>（紙・布） | 自分で本を選ぶこと<br><br>地域の民話を読むこと<br><br>簡単な民話を創作すること<br>外国の民話を読むこと | | グループで<br>役割読みをする。<br>・会話、地の文など<br>・人数をかえて読む<br><br>視点を変えたり、叙述の形式を変えたりして、作品をリライトして、読む<br><br>・覚えて語る<br>・音や音楽を入れて読む<br>・音楽・効果音を入れ工夫して読む |
| 発展 | おすすめの本の紹介スピーチ<br>ストーリーテリング<br>（語り）<br>ブックトーク<br>朗読劇 | 読書座談会<br>読書発表会<br>ビブリオバトル | | | |

## 3　年間指導計画と三年生の年間指導計画例

### (1)　年間指導計画のつくり方

学習指導要領第1章総則第4において、指導計画の作成に当たっての配慮事項を四点挙げている。

> ①　各教科等及び各学年相互間の関連を図り、系統的、発展的な指導ができるようにすること。
> ②　学年の目標及び内容を二学年まとめて示した教科及び外国語活動については、当該学年間を見通して、地域や学校及び児童の実態に応じ、児童の発達の段階を考慮しつつ、効果的、段階的に指導するようにすること。
> ③　各教科の各学年の指導内容については、そのまとめ方や重点の置き方に適切な工夫を加え、効果的な指導ができるようにすること。
> ④　児童の実態等を考慮し、指導の効果を高めるため、合科的・関連的な指導を進めること。

これを受け、国語科で具体的に年間指導計画を作成するときのポイントを、五点示す。

**■ポイント1　学習過程を明確にする**

自己学習の根幹である自ら学び、課題を解決する学習過程を、学習指導要領に示された指導事項が身に付くように位置付ける。「書くこと」の領域では、課題設定や取材→構成→記述→推敲→交流、というように課題解決の過程のプロセスに沿って指導事項が示されている。この点を踏まえた指導計画を考えることが必要である。

**■ポイント2　言語活動の充実を図る**

指導事項として示されている子どもたちに付けたい力は、言語活動を通して図ることが出来る。説明・記録・報告・感想・意見・紹介・推薦・手紙など多様な言語様式が示されている。言語活動例などを参考にしながら、言語様式を意識した活動を、多様に考えることが重要である。

### ■ポイント３　校種間・学年の系統性を押さえる

国語科の学習指導要領では、指導事項と言語活動例がまとまりとして示されている。国語の力は、螺旋状についていくものであり、繰り返し指導することを踏まえ、低学年・中学年・高学年の発達段階に応じて指導事項や言語活動を考える必要がある。幼稚園・小学校・中学校の系統性と、二学年のまとまりで示されている指導事項をどのように考えるかを、各学年や学校全体で、あるいは、教育委員会も含めた市町立学校全体で、十分協議することが求められる。

### ■ポイント４　各領域・各教科等と関連を図る

国語科の特徴として「話すこと・聞くこと」「書くこと」「読むこと」の三領域が独自にはたらくものではない。読みつつ書き、書きつつ読み、そして話し合うという学習が錯綜しながら互いの力を高めていく。鉛筆をもって書いたら「書く力」、感想を話し合ったら「話す力・聞く力」と一律に考えず、三領域の中のどのような力を付けるために読むのか、書くのか、話すのか、聞くのか、といった目的に関連させ、その目的に応じた活動であることを意識したい。

### ■ポイント５　各教科等との関連を図る

国語科で付けた力は、各教科等でも活用される。各教科等の特性を踏まえ、言語活動によって、思考が深まり、他とのコミュニケーションが高まり、自己学習力が身に付き、各教科等の授業につながるように考えたい。

## (2) 第三学年の年間指導計画作成のポイント

### ① 三年生で付けたい日常生活に生きる言語活動

生き生きと活発に行動する三年生には、課題に向かって自分の考えをもつという側面と、友達と協力して言語活動を行う人間関係力の育成という側面の両方から力を付けさせたい。そのためには、①日常生活に生きる言語活動を考える、②目的・相手意識を明確にする、③言語活動を通して指導事項の確実な定着を図る、などがポイントとなる。課題解決のために、自分の考えや意見をまとめたり、述べ合ったり、資料を基に説明したり、報告したりする、といった説明する力、人間関係を形成する力や自己表現力を育成し、指導事項を明確に位置付け、児童や地域の実情に応じて、実生活に生きる力の具体化を図る。

### ② 三領域・各教科等との関連

年間指導計画においては、日常的に繰り返し理解や指導を図る単元、一つの領域に特化して指導する単元、三領域を総合的に行いながら力を付けて行く単元、理科や社会科、総合的な学習の時間などと連携をとりながら深めていく単元、などを考え、豊かに構想したい。三年生は、地域の施設や人とのかかわりが強くなる学年である。実生活に生きる言語力の育成を目指し、確かな力を付け、様々な場や時間で活用する基盤をつくる。主体的に学ぶ子どもを育てるには、課題や目的を明確にし、取材をしたり、調べたり、読書と関連付け、解釈をしたりして、自分の考えをもたせ、他者と交流し、協力しながら学習を進めていく過程が大切である。特に、三年生は、人間関係形成の基礎ができる時期でもあるので、互いの考えをすり合わせていく力が育つような言語活動を、計画的に取り入れるようにしたい。

また、伝統的な言語文化に関すること、読書活動の充実を図ることは、国語力育成や言語活動と大きな関連をもつ。新たな創造とつながり、本を活用することが日常的に行われるよう、年間指導計画をたてる上で考慮したい。言語生活を支える語彙を増やす工夫や、各教科等の特性を踏まえた言語活動の充実にも配慮が必要だ。

こうした年間指導計画は、学校全体で目指す子ども像を共有し、全教職員が一同に会し、学習指導要領や、教科書会社がホームページに掲載している年間指導計画例などの資料を参考に、協議して作成することが大切である。毎年実践した言語活動を付け加えたり、改善したりして、より子どもの学びに即したもの、実際に活用できるものとなるように考えたい。

### (3) 三年生の年間指導計画例（国語科）

（凡例　A：話すこと・聞くこと　B：書くこと　C：読むこと　伝国：伝統的な言語文化と国語の特質）

| 月 | 単元名 | 領域・時数 | 学習活動 | 主な指導事項 | 主な言語活動 |
|---|---|---|---|---|---|
| 通年 | 声のひびきを楽しもう | 【話聞】8 | ○発声や音声に留意しながら、スピーチや音読を計画的に行う。 | ・相手を見たり、言葉の抑揚や強弱、間の取り方などに注意したりして話すこと。 | |
| | 思い出文集をつくろう | 【書】10 | ○学校行事等を題材に作文を書き、年度末に文集にまとめる。 | ・文章の敬体と常体との違いに注意しながら書くこと。 | |
| | 言葉や漢字と仲良くなろう | 【伝国・書】18 | ○計画的に漢字を学習し、文脈の中で使えるようにする。 | ・掲示された漢字を正しく書き、文や文章の中で使うこと。（伝国 (1) ウ (イ)） | |
| | 詩の暗しょう大会をひらこう | 【読】8<br>【書】3 | ○図書室へ行き、現代詩や易しい文語調の詩を選んで読む。<br>○詩の背景や読まれた心情を想像したり、読んだ感想を入れたりして、簡単な解説を書く。<br>○選んだ詩を暗唱し、簡単な解説を入れた発表会を開く。 | ・内容の中心や場面の様子がよく分かるように音読すること。（C (1) ア） | ・物語や詩を読み、感想を述べ合うこと。（C (2) ア） |

| | | | | | |
|---|---|---|---|---|---|
| 4月 | 主人公と自分の共通点をさぐろう | 【読】8<br>【話聞】2 | ○成長したと感じた経験を思い出し、交流する。<br>○文章を読み、登場人物の気持ちの変化と自分の体験の共通点や相違点を整理し、話し合う。 | ・場面の移り変わりに注意しながら、登場人物の性格や気持ちの変化、情景などについて、叙述を基に想像して読むこと。<br>（C⑴ウ） | ・物語や詩を読み、感想を述べ合うこと。<br>（C⑵ア） |
| | 読書ノートに記録しよう | 【読】3 | ○これから挑戦してみたい本の作家・ジャンル、冊数など、観点や目標を決めて読書計画をたてる。 | ・目的に応じて、いろいろな本や文章を選んで読むこと。<br>（C⑴ウ） | |
| 5月 | 友だちをしょうかいしよう | 【話聞】5<br>【書】1 | ○観点を決めて友達にインタビューし、スピーチの題材を集める。<br>○構成や効果を考えてスピーチ原稿を書く。<br>○司会・進行役を決め、友達紹介の会を開く。 | ・関心のあることなどから、話題を決め必要な事柄について調べ、要点をメモすること。<br>（A⑴ア） | ・出来事の説明や調査の報告をしたり、それらを聞いて意見を述べたりすること。<br>（A⑵ア） |
| | 国語辞典を使いこなそう | 【伝国】2 | ○言葉の読み方や意味が分からないときの経験を話し合う。<br>○国語辞典の使い方を学び、実際に使ってみる。 | ・表現したり理解したりするために必要な語句について、辞典を利用して調べる方法を理解し、調べる習慣を付けること。<br>（伝国⑴カ） | |
| | 身の回りのローマ字を集めよう | 【伝国】1 | ○身の回りのローマ字の書かれ方の特徴を知る。<br>○ローマ字の表記の仕方を理解する。<br>○簡単な言葉をローマ字で書き、日記や作文などで使ってみる。 | ・第三学年においては、日常使われている簡単な単語について、ローマ字で表記されたものを読み、またローマ字で書くこと。<br>（伝国⑴ウ(ア)） | |
| 6月 | 内ようをとらえてパンフレットにまとめよう | 【書】8<br>【読】8 | ○動物のひみつについて書かれた文章を読み、パンフレットに書くという課題を決め、パンフレットの内容を分析整理する。<br>○文章の段落を生かして、書く観点を決め、構成やレイアウト、効果などを考え、パンフレットをつくる。 | ・文章全体における段落の役割を理解し、自分の考えが明確になるように、段落相互の関係などに注意して文章を構成すること。<br>（B⑴イ） | ・収集した資料を効果的に使い、説明する文章などを書くこと。<br>（B⑵ウ） |

| 月 | 単元 | 領域・時数 | 目標 | 指導事項 | |
|---|---|---|---|---|---|
| | メモをもとに調べたことを報告しよう | 【読】5 【話聞】6 | ○地域の特徴的な建物について、本で調べたり、インタビューをしたりしてメモをとる。<br>○メモを基に発表原稿を書き、報告を行う。<br>（社会科との関連） | ・話の中心に気を付けて聞き、質問をしたり感想を述べたりすること。<br>（A (1) エ） | ・出来事の説明や調査の報告をしたり、それらを聞いて意見を述べたりすること。<br>（A (2) ア） |
| 7　月 | 読書しょうかいカレンダーをつくろう | 【読】8 【書】5 | ○読書紹介のモデル文を読み、引用や要約など紹介の観点を決め、紹介したい本を読む。<br>○紹介の語彙を使いながら、紹介文を四百字程度で書き、推敲し、読書紹介カレンダーを仕上げる。 | ・目的や必要に応じて、文章の要点や細かい点に注意しながら読み、文章などを引用したり要約したりすること。<br>（C (1) エ） | ・紹介したい本を取り上げて説明すること。<br>（C (2) ア） |
| | 一学期の読書生活をふりかえろう | 【読】2 | ○一学期の読書ノートから目標に沿った読書ができたかを振り返り、夏休みの読書計画をたてる。 | ・目的に応じて、いろいろな本や文章を選んで読むこと。<br>（C (1) カ） | |
| 9　月 | ことわざや慣用句にしたしもう | 【伝国】3 【書】3 | ○日常生活で使われている慣用句に関心をもち、使われる場面や意味を調べて三百字程度で説明する。<br>○日常生活で使ってみて、感想を交流する。 | ・長い間使われてきたことわざや慣用句、故事成語などの意味を知り、使うこと。<br>（伝国 (1) ア (イ)） | |
| | ろう読げきをしよう | 【読】8 【書】5 【話聞】3 | ○今までに行ってきた劇活動を振り返るとともに、朗読劇という表現方法を知る。<br>○台本の特徴の大体を理解する。<br>○物語を読み、叙述や構造の特徴を生かして、簡単な台本に書き換え、演じる。<br>（総合的な学習の時間との関連） | ・場面の移り変わりに注意しながら、登場人物の性格や気持ちの変化、情景などについて、叙述を基に想像して読むこと。<br>（C (1) ウ） | ・物語や詩を読み、感想を述べ合うこと。<br>（C (2) ア） |
| 10　月 | ローマ字を使おう | 【伝国】2 | ○一学期の学習の復習をし、ローマ字の読み書きに慣れる。（PCの活用） | ・第三学年においては、日常使われている簡単な単語について、ローマ字で表記されたものを読み、またローマ字で書くこと。<br>（伝国 (1) ウ (ア)） | |

| 月 | 単元名 | 領域・時数 | 主な学習活動 | 指導事項 | 指導事項 |
|---|---|---|---|---|---|
| | かんきょうについて考え、学級新聞を書こう | 【読】6<br>【書】8 | ○環境について書いた新聞記事を持ち寄り、調べる課題を話し合う。<br>○新聞の書き方を理解し、書く内容を分担する。<br>○調べたことを基に、自分の意見を交えて記事を書く。 | ・書こうとすることの中心を明確にし、目的や必要に応じて理由や事例を挙げて書くこと。（B (1) ウ） | ・疑問に思ったことを調べて、報告する文章を書いたり、学級新聞などに表したりすること。（B (2) イ） |
| 11月 | 読書感想文を書こう | 【読】4<br>【書】3 | ○日頃考えていることから読みたい本を決め、自分の体験と重ねて読書感想文を書く。<br>○構成や叙述の仕方、誤字脱字などの観点から推敲する。 | ・文章の敬体と常体との違いに注意しながら書くこと。<br>・句読点を適切に打ち、段落の始め、会話の部分などの必要な箇所は行を改めて書くこと。（伝国 (1) イ (エ)） | ・物語や詩を読み、感想を述べ合うこと。（C (2) ア） |
| 12月 | 登場人物のキャラクターカードを書こう | 【読】8<br>【書】5 | ○自分の性格や特徴を整理し、交流する。<br>○シリーズを読み、登場人物のキャラクターに着目しながら、シリーズになっている本を読む。<br>○登場人物のキャラクターを五十字程度の文章のカードに書く。 | ・目的に応じて、いろいろな本や文章を選んで読むこと。（C (1) カ） | ・紹介したい本を取り上げて説明すること。（C (2) ア） |
| | 二学期の読書生活をふりかえろう | 【読】2 | ○二学期の読書ノートから目標に沿った読書ができたかを振り返り、冬休みの読書計画をたてる。 | ・目的に応じて、いろいろな本や文章を選んで読むこと。（C (1) カ） | |
| 1月 | ローマ字で日記を書こう | 【伝国】2<br>【書】2 | ○ローマ字で簡単な日記を書く。（総合的な学習の時間との関連） | ・第三学年においては、日常使われている簡単な単語について、ローマ字で表記されたものを読み、またローマ字で書くこと。（伝国 (1) ウ (ア)） | |

| | | | | | |
|---|---|---|---|---|---|
| 2月 | お年寄りが住みやすい町を考えよう | 【話聞】6<br>【書】5<br>【読】4 | ○お年寄りにとって住みやすい町かどうか課題を整理し、インタビューや書物で事実を調べたり、解決策を考えたりする。<br>○自分の考えを基に、グループや学級全体で話し合う。<br>○地域の方などを招き、課題別にポスターセッションを行う。 | ・互いの考えの共通点や相違点を考え、司会や提案などの役割を果たしながら、進行に沿って話し合うこと。（A⑴オ） | ・学級全体で話し合って考えをまとめたり、意見を述べ合ったりすること。（A⑵イ） |
| 3月 | 写真を使って変化を伝えよう | 【書】8 | ○一本の木の季節による違いや自分、昆虫などの成長を撮った写真数枚を見て、感想を交流する。<br>○順序や接続詞に注意して説明する文章を書く。（理科との関連） | ・書いたものを発表し合い、書き手の考えの明確さなどについて意見を述べ合うこと。（B⑵イ） | |
| | 一年間の読書生活をふりかえろう | 【読】3 | ○自分の読書記録ノートから、この1年間の読書の傾向や量、内容等を振り返り成果と課題をまとめる。 | ・目的に応じて、いろいろな本や文章を選んで読むこと。（C⑴カ） | |
| | 想像して物語を書こう | 【読】8<br>【書】8 | ○今までに読んできた冒険物語について話し合う。<br>○登場人物や粗筋、構成を考え、物語を書く。 | ・文章の間違いを正したり、よりよい表現に書き直したりすること。（B⑴オ） | ・身近な出来事、想像したことなどを基に、詩をつくったり、物語を書いたりすること。（B⑵ア） |
| 総時数 | | 全245時間 | 【話すこと・聞くこと】30時間　【書くこと】82時間　【読むこと】85時間　【伝統的な言語文化と国語の特質に関する事項】18時間　※　書写30時間を別途とること。 | | |

## ⑷　一年生の年間指導計画例（国語科）（精道小学校作成）

| | | | |
|---|---|---|---|
| 月 | | 通年 | 5 |
| 領域・時数 | 話・聞 | | |
| | 書 | | 2 |
| | 読 | | 5 |
| | 伝・国 | | |
| 単元名 | | こえにだしてよもう | げきあそびをしよう |
| 教材名 | | ひばり<br>のはらうた　他 | はなのみち |
| 学習活動 | | ○リズミカルな詩を中心にして、継続的に音読したり、暗唱したりする。 | ○挿絵を見てその順番を考え、何をしているところか、何が変化しているのかなど場面の様子について想像する。<br>○「〜が〜する。」という文を作ったり書いたりする。<br>○台詞を付け足しながら、班ごとに簡単な劇遊びを行い、声を出し劇遊びを楽しむ。 |
| 指導内容 | 主な指導事項 | | ・語と語や文と文との続き方に注意しながら、つながりのある文や文章を書くこと。<br>（B ⑴ ウ）<br>・場面の様子について、登場人物の行動を中心に想像を広げながら読むこと。<br>（C ⑴ ウ）<br>・促音・濁音・班濁音の読み方と書き方。<br>（伝国 ⑴ イ ㈓） |
| | 主な言語活動 | | ・本や文章を楽しんだり、想像を広げたりしながら読むこと。<br>（C ⑵ ア） |
| 主な評価規準 | | | 【関】・登場人物の行動や時間・季節の移り変わりについて気づいたことを話したり、文と絵のかかわりを考えたりしようとしている。<br>【読】・言葉のまとまりで区切ってはっきりと声に出して読んでいる。<br>・主人公が何をしたかを理解している。<br>・挿絵の違いから話の大体の流れを理解している。<br>【書】・「——が——する。」という文を書いている。<br>【伝国】<br>・促音・濁音・半濁音の書き方と読み方を理解して、提示された平仮名を書いている。 |

| | |
|---|---|
| 6 | 7 |
| 3 | |
| | 6 |
| 7 | 2 |
| | |
| リズムにのって、「わくわくおんどくはっぴょうかい」をひらこう | くちばしくいずたいかいをしよう |
| おむすびころりん | くちばし |
| ○挿絵を順番に並び変え、筋のだいたいを知り、リズミカルな歌が出てくるお話の面白さに気付く。<br>○話のまとまりごとに、三つの場面に分け、読みたい段落ごとに分かれて、読み方の工夫を考える。<br>○わくわく音読発表会を開き、互いの音読を聞き合い、感想を交流する。 | ○鳥について知っていることや読んで思ったことを発表し交流し、くいず大会を開くというめあてをもつ。<br>○写真と文を結び付けて、くちばしの形と使い方について読む。<br>○拗音のある語と助詞「を」を正しく表記して、参考文を見ながら文を書く。<br>○グループに分かれ、保護者を対象にくいず大会を開く。 |
| ・語のまとまりや、言葉の響きなどに気を付けて音読すること。（C (1) ア）<br>・言葉には、意味による語句のまとまりがあることに気付くこと。（伝国 (1) イ (ウ)） | ・語と語や文と文との続き方に注意しながら、つながりのある文や文章を書くこと。（B (1) ウ）<br>・時間的な順序や事柄の順序などを考えながら内容の大体を読むこと。（C (1) イ）<br>・文章の内容と自分の経験とを結び付けて、自分の思いや考えをまとめ発表し合うこと。（C (1) オ）<br>・長音、拗音、促音、撥音などの書き方と読み方。（伝国 (1) イ (エ)） |
| ・本や文章を楽しんだり、想像を広げたりしながら読むこと。（C (2) ア） | ・身近な事物を簡単に説明する文章（クイズ）を書くこと。 |
| 【関】・言葉のリズムや歌などを楽しんで音読しようとしている。<br>【読】・言葉のリズムや、語や文としてのまとまり、繰り返しを意識して音読している。<br>【読】・場面の様子について、登場人物の気持ちを想像しながら音読しようとしている。<br>【話・聞】・お互いの発表を聞き合い、音読の工夫を見つけて感想を伝え合っている。<br>【伝国】・言葉には、意味による語句のまとまりがあることに注意して読んでいる。 | 【関】・文章の内容や問いと答えという形式に興味をもって読もうとしている。<br>【読】・「なんの——でしょう。」という問いをとらえている。<br>・問い以外のところに何が書かれているかを理解している。<br>【書】・「——を——する。」という文を書いている。<br>【言】・拗音の表記を理解している。 |

| | |
|---|---|
| 9 | 10 |
| 2 | 2 |
| | 5 |
| 4 | 2 |
| | |
| おもしろいはなしをよもう | おすすめどくしょのおはなしかいをしよう |
| おおきなかぶ | おはなしきいて |
| ○繰り返しの言葉や文章のリズムのおもしろさに気付き、簡単な感想を書いたり、音読したりする。<br>○登場する人物に着目しながら、文章と挿絵をもとに、読む人数や声の速さ、大きさを考え、読み方を工夫する。<br>○役割を決めて練習をする。<br>○グループごとの音読を聞き合い、互いの良い点を発表し合う。 | ○今まで読んだ本の中で、楽しかった本を伝え合う。<br>○読んだことのある本の中から、紹介する本を決める。<br>○題名・好きな場面・わけなどをまとめる。<br>○お話を聞いた後の質問の仕方を学習する。<br>○グループや全体でおすすめ読書のお話し会を行う。 |
| ・語のまとまりや、言葉の響きなどに気を付けて音読すること。（C(1)ア）<br>・言葉には、意味による語句のまとまりがあることに気付くこと。（伝国(1)イ(ウ)） | ・自分の考えが明確になるように、事柄の順序に沿って簡単な構成を考えること。（B(1)イ）<br>・大事なことを落とさないようにしながら、興味をもって聞くこと。（A(1)エ） |
| ・本や文章を楽しんだり、想像を広げたりしながら読むこと。（C(2)ア） | ・知らせたいことなどについて身近な人に紹介したり、それを聞いたりすること。（A(2)エ）<br>・読んだ本について、好きなところを紹介すること。（C(2)オ） |
| 【関】・物語を読んで、音読を工夫しようとしている。<br>【読】・繰り返しやリズムを楽しんで音読している。・場面の様子や登場人物の動きを想像し、動作化している。<br>【伝国】・だれが何をしたかを理解している。 | 【関】・おすすめの本について、みんなに知らせるために興味をもって取り組もうとしている。<br>【話・聞】・友達の方を向いて話している。<br>・話す友達の方を向いて、最後まで静かに聞いている。<br>【伝国】・丁寧な言葉「です」「ます」を使って話している。 |

| | |
|---|---|
| 11 | 12 |
| | |
| 7 | 6 |
| 3 | 6 |
| | |
| くじらぐもにてがみをかこう | じどう車クイズ大かいをしよう |
| くじらぐも | じどう車くらべ |
| ○今までに見た雲について話し合い、挿絵や題名から興味を持つ。<br>○挿絵を手がかりに、話の展開をつかみ、初めの感想を交流する。<br>○好きな場面を絵に描いたり、ふきだしに会話を書いたりして、くじらぐもや子どもたちの気持ちを想像し、音読していっしょに楽しむ。<br>○くじらぐもにあてた手紙を書く。<br>○手紙を読み合い感想を交流する。 | ○知っているじどう車について知っていることや経験を交流し、じどう車クイズ大会を開く事を知る。<br>○じどう車クイズ大会を開く学習計画をたてる。<br>○それぞれのじどう車を「しごと」「つくり」の観点から、その違いと似ているところを比べ読みする。<br>○「はしご車」のしごととつくりをみんなで考える。 |
| ・書いたことを読み合い、よいところを見付けて感想を伝えあうこと。（B(1)オ）<br>・語のまとまりや言葉の響きなどに気を付けて音読すること。（C(1)ア）<br>・場面の様子について、登場人物の行動を中心に想像を広げながら読むこと。（C(1)ウ）<br>・句読点の打ち方や、かぎ（「　」）の使い方を理解して、文章の中で使うこと。（伝国　イ(オ)） | ・自分の考えが明確になるように、事柄の順序に沿って簡単な構成を考えること。（B(1)イ）<br>・語と語や文と文との続き方に注意しながら、つながりのある文や文章を書くこと。（B(1)ウ）<br>・時間的な順序や事柄の順序などを考えながら内容の大体を読むこと。（C(1)イ） |
| ・本や文章を楽しんだり、想像を広げたりしながら読むこと。（C(2)ア）<br>・伝えたいことを簡単な手紙に書くこと。（B(2)オ） | ・事物の仕組みなどについて書いた本や文章を読むこと。（C(2)ウ）<br>・身近な事物を簡単に説明する文章（クイズ）を書くこと。（B(2)ウ） |
| 【関】・想像を広げて物語を楽しもうとしている。<br>【読】・だれが、何をしたかを理解している。<br>・登場人物の行動について感想を表している。<br>・好きなところを指摘したり音読したりしている。<br>【書】・書いたものを友達と読み合って感想を伝えている。<br>【伝国】・会話はかぎ（「　」）を使って書いてあることを知り、句読点やかぎを正しく用いて書いている。 | 【関】・自動車についての説明文や絵本・図鑑を読もうとしている。<br>【読】・何と何（「しごと」と「つくり」）が書かれていることを理解している。<br>・文章の中から必要な部分を書き抜いている。<br>・調べるために本を選んで読んでいる。<br>【書】・教科書のモデル文にならい、「そのために」を使って「しごと」と「つくり」を関連させて書いている。 |

| | |
|---|---|
| | 1 |
| | 4 |
| | 2 |
| | |
| | 2 |
| | おみせやさんごっこをしよう |
| | おみせやさんごっこをしよう |
| ○自分が選んだ車のしごととつくりを資料を見て書き、クイズをつくる。<br>○クイズ大会をするグループで練習をする。<br>○二年生を対象にクイズ大会を開く。 | ○おみせやさんごっこをする計画を立てる。<br>○おみせやさんごっこに必要なものを考える。<br>○宣伝のちらしに必要な情報を集め、品物の良さを伝える文章を考えて書く。<br>○お客さんと店員さんになって、売り買いのやり取りを練習する。<br>○練習したことをもとに、学年全体でおみせやさんごっこを行う。 |
| ・文章の中の大事な言葉や文を書きぬくこと。<br>・楽しんだり知識を得たりするために、本や文章を選んで読むこと。（C(1)カ）<br>・平仮名及び片仮名を読み、書くこと。また、片仮名で書く語の種類を知り、文や文章の中でつかうこと。（伝国(ウ)イ） | ・意味による語句のまとまりや上位語や下位語の関係に気付くこと。（伝国(1)イ(ウ)） |
| | ・宣伝のちらしに必要な事柄を集め、売る品物のよさが伝わるように文章を考えて書くこと。（B(1)ア・イ・ウ）<br>・客と店の人になって売り買いのやり取りをすること。（A(1)オ） |
| 【伝国】<br>・教科書に提示された片仮名を正しく書いている。 | 【関】・「おみせやさんごっこ」に興味をもち、進んで書いたり聞いたりしようとしている。<br>【書】・ちらしに必要な材料（お店の名前、おすすめの品物など）を集めている。<br>・お客さんが来てくれるように、伝えたいことがよく分かる組み立てを考えてちらしを書いている。<br>【話・聞】<br>・丁寧な売る言葉や買う言葉を使って練習し、お客さんと店員さんになって話し方を工夫している。<br>【伝国】<br>・上位語と下位語の関係を理解している。 |

| | | | | | | | | | | |
|---|---|---|---|---|---|---|---|---|---|---|
| 2 | | 8 | 2 | | かみしばいをしよう | たぬきの糸車 | ○「まのいいりょうし」の学習を想起し、民話を楽しもうとする気持ちをもたせる。<br>○好きなところやおもしろいと思った言葉について発表し、初めの感想を交流する。<br>○場面に分けて、声と絵で表すという紙芝居の特徴を知り、自分でも作ってみたいという意欲を持たせ、紙芝居の場面分けを考える。<br>○音読したり、挿絵と文を対応させたりしながら、たぬきやおかみさんの気持ちを想像する。<br>○班で分担して、絵を書き、考えた言葉を付け足して画用紙の裏に書く。<br>○紙芝居の練習をする。<br>○保護者を対象に紙芝居を発表する。 | ・語と語や文と文との続き方に注意しながら、つながりのある文や文章を書くこと。（B(1)ウ）<br>・語のまとまりや言葉の響きなどに気を付けて音読すること。（C(1)ア）<br>・場面の様子について、登場人物の行動を中心に想像を広げながら読むこと。（C(1)ウ） | ・本や文章を読んだり、想像を広げながら読むこと。（C(2)ウ）<br>・想像したことなどを文章に書くこと。（B(2)ア） | 【関】・お話にない言葉などを進んで考え、楽しんで音読しようとしている。<br>【読】・場面ごとに、時・場所・出来事に注意して読んでいる。<br>・登場人物の様子や気持ちを想像し、絵をかいて音読のしかたを工夫している。<br>【書】・想像したことを書いている。<br>【伝国】<br>・話した言葉を、かぎ（「　」）を用いて書いている。 |

## 4　言語活動の過程に応じて行う指導と評価

「児童生徒の学習評価の在り方について（報告）」（中央教育審議会初等中等教育分科会　教育課程部会　平成二二年三月二四日）において、学習評価の在り方を以下のように述べている。

本項では、「本を読んで推薦の文章を書くこと」を取り上げ、言語活動の過程における評価について具体的に提案する。

### (1) 「推薦の文章を書く」という評価課題

「本を読んで推薦の文章を書くこと」は、小学校五年生及び六年生の言語活動例の一つである。どの指導事項を具体的に展開し、どのような評価規準を設定するのかが、授業者に問われることになる。本を読んで推薦の文章を書くという枠組みの中で単元目標や評価規準が決定する。

評価の具体的場面

「エ　本を読んで推薦の文章を書くこと」(「C読むこと」第五学年及び第六学年)という言語活動の評価課題は、その指導過程と照らし合わせると、主に次の三つの言語活動場面が考えられる。

①　相手や意図に応じて課題を決め、本を選んだり、考えたり、文章を書いたりする場面。
②　推薦したい本を読み、目的に応じて要約したり、文章を比べて考えたり、推薦に必要な語彙を探し出したりする知識や技能を活用して、学習する場面。
③　友達と考えを交流し、自分の文章を深めたり、振り返ったり、評価したりする場面。

身に付けさせたい指導事項

第五学年及び第六学年で付けたい力として以下の指導事項がある。

イ　目的に応じて、本や文章を比べて読むなど効果的な読み方を工夫すること。
オ　本や文章を読んで考えたことを発表し合い、自分の考えを広げたり深めたりすること。
カ　目的に応じて複数の本や文章などを選んで比べて読むこと。

また、本を読んで推薦文を書くことにつながる一学年から四学年の指導事項がある。

エ　文章の中の大事な言葉や文を書き抜くこと。
オ　文章の内容と自分の経験とを結び付けて、自分の思いや考えをまとめ、発表し合うこと。
（以上第一学年及び第二学年）
エ　目的や必要に応じて、文章の要点や細かい点に注意しながら読み、文章などを引用したり要約したりすること。
オ　文章を読んで考えた事を発表し合い、一人一人の感じ方について違いのあることに気付くこと。
（以上第三学年及び第四学年）

特に第三学年及び第四学年エの文章の引用や要約は、すでに身に付けた基礎的・基本的な知識・技能として、推薦文を書くときに活用することになる。指導過程において、目的をもった、単元を貫く言語活動の中に指導事項が明確に位置付けられていることが重要である。

### (2) 言語活動の過程に応じた学習評価課題

相手や目的に応じた評価課題

だれに対して、どのように推薦文を書くのかを子どもたちが自覚することが大切である。

今までに行ってきた紹介活動を振り返り「推薦文を書き、四年生に読んでもらいたい本の図書リストブックをわたそう」という学習課題を設定するとしよう。推薦文を書くことと図書リストブックを作ることをどのように関連させるのか、完成する図書リストと推薦文のレイアウトのイメージをもつことが必要である。それは、これまでの学習でつくってきた作品や紹介活動など子どもの実態で考える。ここでは、本の表紙を掲載したワークシートに本に対する推薦文を三百五十字で書くことにする。

リストブックについては、四年生という学年を経てきた子どもたちだからこそ分かる、四年生の読書傾向、四年生に薦める本の選び方、使用する漢字や言葉の範囲など相手分析がある。その分析と、推薦した本を相手が手に取って読み、どのように活用するのか、までを考え、相手に行動をおこさせるように紹介よりも強い気持ちで本を薦める。その際、記述と構成の両面を意識して書くことが大切である。また、目標とする図書リストブックの具体像として、①【できあがるリストブックの形や大きさ】ブック形式・小冊子・カード等、②【推薦文の形式】ワープロが手書きか、文字数等、③【体裁】写真・絵は使用するのか、等を決定し、モデルを見せ子どもたちは、イメージをもって目的に向かって言語活動を行うことになる。

四年生の読書傾向を、許可を得て読書カードの記入状況や聞き取り、パソコンのデータなどによって調査したり、当時の自分を思い出したりして「四年生という相手を分析し本を選んだり、読んだりしている」が評価規準となる。ワークシートなどに記述させ、選んだ本との関連で評価する。

## 自己学習し活用する評価課題

これから書こうとしている推薦文とはどのような特徴をもつ文章なのか、推薦文を書くために本をどのような視点で読めばよいのか、などを子どもたちが自覚し、自分が考え自分の言葉で書かないと相手には響かない。同じ字数で書かれた同一物語の推薦文と感想文を比べ読みし、語尾や表現に着眼しながら相違点や共通点を見つけサイドラインを引き、気付いたことを交流する。推薦文の特質や推薦文を構成する要素には、あらすじ・主人公の紹介・物語の山場・事件・特に伝えたい本文の引用・作者の紹介・伝えたい自分の強い思いなどがあることを自己学習する。子どもたちは、このように比べたり、分類したり、整理したりして、見つけた要素を推薦する本に照らして書くことになる。「推薦文を書こう」といっても、なかなか書けないものだ。このように自己学習を行うことで、どの子どもも要素をメタ認知し、自分の力となった知識や技能を活用して、本を再読し構成し考えて書くことができる。

また、こども新聞や本のガイドブックなどに掲載されている書評を複数読み、評価語彙を集め分類して一覧表にまとめる。ここでは「読んだ本を推薦する文章に必要な要素を選んだり、評価語彙一覧表を活用したりして三百五十字程度の文章を書いている」という評価規準となる。

推薦文と感想文を混同している、評価語彙を使って書いていない、等、おおむね満足できる状況に達していない子どもについては、文章の比べ方や自分の文章への活用の仕方について、丁寧なやりとりをしながら自分で進めることができるよう、個別の助言や指導することが大切である。どの子どもにも、推薦文が書けたという達成感を味わわせたい。

また、書いた文章だけでなく、要素や評価語彙を活用して推薦文を書く過程で、考えたり、推敲したりした構成メモやワークシートの記入内容、発言などを形成的に評価していくことも必要である。

### 交流・振り返りの評価課題

交流・振り返りの評価としては、文章を比べ読みして自己学習したことを交流したり、友達と推薦文を書く途中に観点を決めて、相互評価を行い交流したりする、などが考えられる。子どもたち全員の文章を印刷して交流する、発表し合って交流する、グループで読み合って交流する、など方法は多様にある。付箋を活用して、友達の文章のよさを見つけたり、感想を書いたりすることも考えられる。電子黒板や書画カメラを活用しての交流もある。友達の文章を読み、自分の文章を見直すことが、自分の考えを広げたり深めたりすることにもなる。

また、単元の学習計画表をもとに学習の過程を振り返り、どんな知識や技能が身に付いたか、どのように活用して課題を達成したか、今後の課題は何か、などをメタ認知させることが大切である。自分を客観視するような自覚的な学びが、知識・技能を活用する力や思考力・判断力・表現力の育成に結び付いていくからである。

ここでは、「読んだ本を推薦するための着眼点に気付いたり、友達の文章を読んだりして進んで友達と交流し、自分の考えを深めたり、考えたりしている」という評価規準となる。友達の文章のよいところや助言するところ、工夫などを見つけ励ますことは、自分の意欲にもつながり、人間関係形成の力にもつながる。評価対象には子どもが記述した学習計画表に追加記述した文章や、交流時の付箋やワークシートに書いた観点や内容、振り返りの文章などがある。今後付けたい力や課題を自覚することで、子どもや教師にとって次の学習や授業の改善に生かすことができる。

知識としての資料の活用

作成した「推薦文の構成要素一覧表」や「評価語彙一覧表」などは、知識資料として、今後の学習や各教科、総合的な学習の時間においても積極的に活用することが大切である。

### (3) 授業を構想する力を付ける

こうした一連の言語活動の過程に応じた評価は決して固定したものではない。「本を読んで推薦の文章を書く」という言語活動も多様な展開が考えられる。子どもの発達段階や実態、学習指導要領の指導事項などから目の前の子どもたちにどのような力を付けるのか、そのためにどのような言語活動を行うのか、教師には深い教材研究と柔軟に授業を構想する力が求められる。いつも教科書の文章だけを対象にし、いつも文章の読み取りだけを行っていては、どうしても発表内容の印象や発表の頻度といった評価になりがちである。

付けたい力と言語活動が明確であれば、評価もそれに連動して、自ずとはっきりしてくる。実践交流と授業公開を行いながら、単元構想力を磨くことが大切である。また、子どもたちが確かな力を付けていくことを実感することが、教師にとって大きな喜びである。

## 第三節　思考力・判断力・表現力をはぐくむ言語活動

### 1　思考力・判断力・表現力をはぐくむ言語活動の充実

この節では、各教科等の授業において、言語活動をどのように指導過程の中に取り入れるか、言語活動を取り入れた授業構成や授業の進め方を学習指導要領との関連において述べる。

各教科等を貫く言語活動の充実は、学習指導要領の総則において示されており、次の三点にまとめられる。

> ① 各教科等の指導にあたっては、児童の思考力、判断力、表現力等をはぐくむ観点から、言語活動を重視する。
> ② 基礎的・基本的な知識及び技能の活用を図る学習活動を重視する。
> ③ 言語に対する関心や理解を深め、言語に関する能力の育成を図る上で必要な言語環境を整える。

学習指導要領を受けて、学校現場では、どの単元においても詳細な読み取りを行うという授業や、知識・技能を教え込むということから脱却し、言語活動を取り入れた授業実践が行われるようになっている。しかしながら、活動させることや表現技能に重きを置きすぎて、「活動あって学びなし」と言われるような実態があることも明らかになってきている。

この点について、筆者もメンバーとして参加した、平成二一年「初等教育資料」座談会で話し合われた主な内容をまとめておく[13]。

## Ⅰ　言語活動の充実　～その現状と課題～

### ◇言語活動の過程の明確化

最終的な表現だけでなく、第三次に至るまでの思考や判断などをひと続きのものとして重視する。各教科等のねらいや特質に即して具体化していくことが大切である。

### ◇言語活動の種類や特徴の明確化

各教科等で行われる双方向での対話や協議、討議などの交流を行うなど、どういう種類のどのような特徴をもつ言語活動を行うのかを明らかにして学習指導に位置付ける。

### ◇授業における多彩な読書活動

教科書の教材文を読むだけではなく、その原点を紹介するなど本物に触れさせていく取組も重要になる。

### ◇実生活に生きる言語能力の育成

学習過程を明確に意識した授業構成が必要である。ゴールとしての活動をどうするのか。学習過程で何を指導すべきか、言語活動の意味をより明確に理解し、学習者に立脚した授業に原点を戻す必要がある。

## Ⅱ　思考力・判断力・表現力等をはぐくむ

### ◇各教科等の学習に生きる「読む能力」

ブックトークは、学習の目当ては何か、自分は何を調べたいのか、それを解決するにはどのような本や資料を読めばよいのか、など、子どもがテーマに対して興味・関心がもてるように教師が支援したり、子ども自らが本を選ぶときのモデルになったりすることが必要である。

### ◇思考を促す発問や指示の具体化

授業の中で教師は、「考えてみましょう」「まとめてみましょう」「話し合いましょう」と言うが、それはどういう考え方をすればよいのか、比べる・分類する・関係付ける、など思考の手立てを具体的に指示していくことが必要である。また、学習の中で文章を比べて考えることや、学年によって感想を書く目的やねらいも違うので、発達段階を考えたワークシートの開発や学習活動の工夫などが必要である。

◇**学びのとらえなおし**

「知識・技能の習得と思考力・判断力・表現力の育成のバランスを重視すること」が大切である。知識・技能を切り取って教えるのではなく、例えば豊富な読書量に支えられてそういった語彙などを身に付けていくという視点がきわめて重要である。

## Ⅲ　言語活動を充実するための組織づくり

◇**学校研究システムの改革**

例として校内研究のテーマに各教科等での取組をつなぐものとして言語活動の充実を視点にすえ、全教職員で共通理解を図るようにし、年間指導計画の中に位置付ける。

◇**学習観・学力観のパラダイム転換**

教育学の世界では、人間中心のアプローチ、社会文化的な構成主義、外とのかかわりの中で生み出されたものが自分の中に取り込まれることが学びであると考えている。思考力・判断力の育成には、学校の中の意識改革が必要である。

◇**学校全体での読書活動推進**

教職員全員が参加して、学校図書館の機能についての共通理解を図る研修会を行うことが必要である。子どもの読みの変化、読書量や読書力の変化が分かるような学校図書館にしていくことが大切である。

**◇手づくりの、そして協同での研究推進**

学校教育目標を共有し、問題意識を共有して、若い先生も一緒になって考えていくための手立てを講ずることが校長として求められる。例えば学校独自のカリキュラムを自分たちで作ってみるという研究の過程を大切にする。

## Ⅳ 言語活動の充実の一層の推進に向けて

**◇子どもたちに今必要な能力は何か**

言語活動を通してどんな力を育てていきたいかということを常に明らかにしていくことが大切である。子どもの実態にあった言語活動を課題解決の過程に位置付けたい。

子どもたちの興味や関心を十分に引き出す学習を行うためには、学校図書館の役割が大きい。本と教師、本と子ども、子どもと子ども、教師と教師、そして地域を結ぶコーディネーターとしての大事な役割が学校図書館にはある。開かれた学校づくりの中の学校図書館の役割をみんなで考えていくことが大切である。

互いの学校の実践や研究、子どもの姿を通して、相互に連携を図って学び合いながら進めていく。

**◇社会に開かれた学力の育成**

実の場というものを学習の中でどう組み込んで、子どもたちに意味のある学びというものを保障していくのか。学んだけど使えない、生かせないではいけない。教師の力量、授業力が大切である。授業改善の重要な手がかりとして、言語活動の充実を位置づけている。子どもたちの思考力・判断力・表現力等を育成し、子どもたちが生き生きと学ぶ姿が見られるような授業改善、学校教育の質の向上を図りたい。

確かな力としての知識・技能の習得はもちろん、それらを日常生活において活用する授業を構想することが、今学校教育に大切なのである。自分の考えをもち、他者や社会とコミュニケーションを図りながら、知識をつなぎ、課題を共有し、ともに解決したり、達成したりする力を付ける。そのような力を付ける授業は、どのような点に留意して構想すればよいのかを考えたい。

## 2　知識・技能の活用を図る言語活動

中央教育審議会「幼稚園、小学校、中学校、高等学校及び特別支援学校の学習指導要領等の改善について（答申）」によると、[14]知的活動の基盤としての言語活動をして、記録・要約・説明・論述・報告といった様式があげられている。実験や観察を行い、その結果をもとにしたレポートの作成、見学記録、体験の説明、創作した作品の説明、調査したことや意見の報告や説明、解いた過程や方法の説明など国語科だけではなく、各教科等全体において、確実に子どもたちに身に付けさせるのだと自覚して進めたい。

一例を挙げると、理科における観察・実験の視点や手順、方法等については、基礎的・基本的な知識、技能として定着するよう指導し、観察や実験の過程を自分の言葉で記録しレポートにまとめる「実感を伴った」自分の視点で考えることを重視したい。「レポートを書きなさい」という指示だけでは書けない。書く手がかりや方法を具体的に指導しなければ書けないのである。分量（字数）はどのくらいか、文章様式や文体はどうするのか、図やグラフは入れるのか、構成はどうするのか、など書き方の一定条件を定めて書く。そうすることで、どの子どもも自分なりの考えや発見を生かした言語活動を行うことができる。

**【各教科等で行う言語活動】**

**●社会**

・身近な地域の観察・調査などを行う学習での記述したり、自分の考えを加えて報告したりする。

・未来がどうあるべきかなどの議論が必要な場面を設けて、各自の解釈・判断を論述したり、意見交換をしたりする。
・様々な資料を目的に応じて情報を取り出し的確に読む。
・資料を関連づけて読む、比べて読む、批判的に読む、等の指導を充実する。
・観察・調査したり、各種の資料から必要な情報を集めて読み取ったりしたことを、的確に記録し、比較・関連付け・総合しながら再構成する学習を行う。
・自分の言葉でまとめ、伝え合うことで、互いの考えを深めることを充実する。

●算数

・言葉や数、式、図、表、グラフなどを用いて筋道だてて説明したり、論理的に考えたりして、自ら納得したり、他者に説明したりする指導を行う。
・予測や推測を生み出したりそれを確かめたりする。
・帰納的な考え方、予測や類比を検証するための演繹的な考え方をはぐくむ。
・事実の説明理由や手順の説明の仕方を身に付けさせる。

●理科

・観察・実験の結果を整理し、考察する学習活動、科学的な言葉や概念を使用して考えたり説明したりする学習活動を充実する。
・問題解決の過程をとるため、その過程において科学的な言葉や概念を使用して考え表現することを充実する。
・予想や仮説を立てる場面では、問題に対する考えを記述したり、児童相互の話し合いを適宜行うようにする。

・結果を整理し、考察し、結論をまとめる場面では、観察、実験の結果を表やグラフに整理し、予想や仮説と関連付けながら考察を言語化し、表現させる。

・結果の解釈場面で、結果の確証や反証を基に観察・実験の方法や、発想した予想や仮説の真偽を検討し合う。

●生活

・体験活動を通して得られた気付きの質を高めるため、見付ける、比べる、例える、などの学習活動や体験したことを振り返り、言葉や絵などによって表す学習活動を重視する。

・身の回りの人との関わりや自分自身について考える力を育成するため、体験したことを伝え合う機会や、発表したり感想を述べ合ったりするなどの機会を増やす。

●音楽

・音楽のよさや美しさを生み出している様々な要素の働きなどを聴き取り、イメージや感情を比喩的な言葉で表したり、音楽に対して根拠をもって自分なりに批評したりすることのできる力を育てる。

・音によるコミュニケーションを通して、生活や社会と豊かにかかわる態度をはぐくむ。

・良好な人間関係を構築する能力を育成する観点から、合唱や合奏、グループによる創作などを通して、皆で一つの音楽を作っていく体験を重視し、表現したいイメージを伝え合ったり、他者の意図に共感したりする指導を充実する。

●図画工作

・生活や社会と豊かにかかわる態度をはぐくむため、身の回りの形や色、環境などから感じ取ったことを伝え合ったり、形や色、材料などを生かして他者や社会に表現したりするなどの学習を充実する。
・感じ取る力や思考する力を一層豊かにするために、自分の思いを語り合ったり、自分の価値意識をもって批評し合ったりするなどして、自分なりの意味や価値を作り出していくような指導を行う。

## ●家庭

・自分の生活における課題を解決するために言葉や図表などを用いて、生活をよりよくする方法を考えたり、説明したりする。
・実習や観察などの実践的・体験的な活動を行い、レポートの作成や、思考・判断したことを発表し、交流する。
・生活における課題をつかむために、インタビューや調査、実験などを行い、結果から分かったことや考えたことを、図表やグラフを用いて文章にまとめ、発表し合う。

## ●体育

・他者とのコミュニケーション能力を育成するため、ダンスなどの身体表現等ゲーム場面での意思疎通などの集団的活動で、互いに励まし合ったり、相手チームの健闘を称えたりして、協力して学び合う活動を行う。
・保健領域では、実習やロールプレイングを実施した際の観察や体験を基に話し合いを行い、考察し、身近な生活における課題や解決の方法を見付けたり、選んだりする活動を重視する。

## ●道徳

・道徳的価値の自覚及び自己の生き方についての考えを深める観点から、各活動や語り合う活動などを行い、一人一人の感じ方や考え方を表現する機会を充実する。
・資料や体験などから感じたこと、考えたことをまとめ、発表し合ったり、討論や討議などによる意見の異なる人の考えに接し、協同的に議論したり、考えをまとめたりする。

●**外国語活動**

・外国語でのコミュニケーションを体験する機会を通して、コミュニケーションを積極的に図る活動を行う。

・日本語との違いを知ることで言葉の面白さや豊かさ等に気付かせる。

●**総合的な学習の時間**

・問題解決的・探求的な学習を充実するため、学習活動の中でＰＩＳＡ調査型読力における読解のプロセスを参考にした、課題設定→情報の取り出し・収集→整理・分析・思考→まとめ・表現という学習の流れを重視する。

・他者や社会とかかわる力を育成するため、多様なグループ編成によって互いに教え合い学び合う学習活動や異なる立場の人、地域の人との意見交換など協働して課題を解決しようとすることを重視する。

・国語科とも連携し、体験を言語化する指導の充実や言語に対する関心を育成する。

●**特別活動**

・学級や学校における生活上の問題を、言葉や話し合いを通して解決する活動を重視する。

・人間関係や集団生活の形成に必要な言葉の力を育成するため、協同の目標の下に行う同年齢や異年齢による言葉の交流活動をいっそう重視し、自分や他者の多様な考えをよりよい方向へまとめていくような力を育成する。

・構成的エンカウンターやソーシャルスキルトレーニング、ピアサポートなど好ましい人間関係やよりよい集団生活を形成するのに必要なスキルを学ぶ場を適宜設ける。

・あいさつや言葉づかいの啓発活動を重視することや、地域との交流活動、児童会、地域の人との合同会議などを実施し、正しい敬語の活用などによるコミュニケーションを促す指導を行う。
・ 体験したことを言葉でまとめたり、発表し合ったり、手紙に託したりする活動を一層重視する。

以上の点に配慮する学習を計画的に行うことが必要である。（参考・文部科学省「言語活動の充実に関する指導事例集～思考力・判断力・表現力等の育成に向けて～［小学校版］平成二二年一〇月）他

## 3 授業構成や進め方の基本的な考え

### (1) 自分の見方・感じ方・考え方を大切にし、課題設定・学習計画をたてる

子どもが主体的に学ぶような課題設定や学習計画を協議し、自分の考えや感じ方を生かした学習を進めるように構想しよう。

総則によると、各教科等の指導にあたって、「体験的な学習や基礎的・基本的な知識及び技能を活用した問題解決的な学習を重視するとともに、児童の興味・関心を生かし、自主的、自発的な学習が促されるよう工夫すること」とある。（小学校学習指導要領第1章総則第4―(2)）

身の回りの出来事や事象、経験から疑問や意見を出し合ったり、感じたことを交流したりしながら課題を設定する、というような導入を工夫したい。課題解決までの過程で必要な知識や技能、及び言語活動を学習過程の中に位置付けていく。子どもたちの「自分の考えや感じ方」を引き出し、互いに意見を出し合いながら、主体的に学んで行く道筋が共有できるようにすることが重要であり、学ぶ意欲につながる。

## (2) 人や社会とのコミュニケーションを図る

友達や周囲の人や社会と積極的にコミュニケーションを進め、交流したり、協議したり、討論したりする人間関係形成の言語活動を学習計画に位置付けよう。

言語活動は、個人レベルでの活動と他者と協力して行う活動の両面がある。この両面を偏ることなく行うことが必要だ。特に学習指導要領で重視されたのは、友達同士、異学年、地域・社会等において、意見を聞いたり、調査したり、取材したり、協力したりできる力である。異なる意見もあるだろう。共感したり、伝え合ったり、意見を一つにまとめたり決めたりする協議、討論、等の話し合う力・聞く力は、どの教科や時間においても必要な言語活動である。相互作用的な交流の中で身に付く人間関係形成力は、今の子どもたちに必要な力である。指導過程や授業構成の中に積極的に位置付けたい。

## (3) 比較・分類・関係付けなどの思考過程を重視する

目的に応じて必要な情報を取り出し、比較、分類、関係付けを行い、自分の考えを構築したり整理したりできるワークシートやノートを工夫しよう。

思考力・判断力・表現力の育成に不可欠な学習活動として、

① 体験から感じ取ったことを表現する。
② 事実を正確に理解し伝達する。
③ 概念・法則・意図などを解釈し、説明したり活用したりする。
④ 情報を分析・評価し、論述する。

⑤　課題について、構想を立て実践し、評価・改善する。
⑥　互いの考えを伝え合い、自らの考えや集団の考えを伝え合い、自らの考えや集団の考えを発展させる。
（答申25ページ⑮）

を挙げている。これらの基盤には言語があり、全ての教科等で取り組まれるべきものとしている。

④を取り上げる。目的に応じて、文章や資料から情報を取り出して比較したり関係付けたりして、整理し考察する力を、学習過程に位置付けることが必要である。取り出した情報をうのみにせず、自分の言葉で書き、話し、読み、考える言語活動が求められる。どのような観点で比べたり分類したりするのか、子ども一人一人が考えを深め、自己学習することのできるワークシートやノートの工夫を行いたい。

### (4)　多様な学習形態と学習材

> 一斉授業だけでなく、目的に応じたグループ別指導を行おう。多様な学習材を活用して達成感のある授業を行おう。

今まで述べてきた言語活動を行うと、教師が前に立って話す一斉授業だけでは授業が成り立たないことが分かるだろう。個人で書きながら考えをまとめる時間、グループで話し合ったり意見をまとめたりする時間、様々な発表を協議し協力して行う時間などに対応して、学習形態や机の向き、配置等が変わるだろう。また、言語活動を充実させようとすれば、メディアの活用も考えたい。新聞・広告・ガイドブック・パンフレット・テレビ番組など多様な学習材に目を向け、学んだ成果を作品として残したり、相手を決めて発表会を行ったりして、達成感のもてる言語活動を行いたい。

## (5) 年間指導計画

> 各教科等の関連を図る○○小学校版年間指導計画をたて、確かな力を学校全体で身に付けさせよう。

学習指導要領総則には、

・各教科の各学年の指導内容については、そのまとめ方や重点の置き方に適切な工夫を加え、効果的な指導ができるようにすること。

・指導の効果を高めるため合科的・関連的な指導を進めること。

とある。理科で昆虫を観察した記録を説明文に書き換えたり、社会科で見学した記録を基に国語科で観察報告文を書いたりと、教科を関連させた指導をすることによって、思考力・表現力が高まったり時数の短縮が図られたりする。各学校や学年において、年間指導計画をたて、教科等の連携や関連を図るように努めることが必要である。

## 4 児童の関心や理解を深める言語環境

### (1) 語彙を豊かにする工夫

各教科等で必要な用語や語彙は、学習活動の中で意識して使えるようにしたい。観察・実験の用語や語彙、紹介や感想の語彙、家庭科の調理のときに使われる語彙、音楽・図工・体育等で使われる用語や語彙がある。教室に掲示したり手元資料として常に取り出して見るようにしたりして、子どもが積極的に知らなかった語彙を使う工夫をしたい。類語辞典や国語辞典も教室に置き、必要なときに進んで調べる習慣を付けることも大切である。

### (2) 読書活動の充実

言語活動を行う上で読書は切り離せない。目的や課題を解決するために複数の本を比べて読んだり、調べて知識や情報を得たりするなど様々な本の活用の仕方がある。今以上に学校図書館や公立図書館を授業に活用する必要がある。

各教科等における言語活動は、学校全体で行われてこそ充実する。教師がこんな子どもに育てたいという目標をもち、各学年でどのような言語活動を行うのか必要な基礎的・基本的な知識や技能は何なのか、など、教職員が意識を共有し、学校全体で進めていきたい。

注

(1) 拙稿「集団で生きる個をめざす国語教室作り」(『実践国語研究』№一七三、P八七~P九一、明治図書、一九九七年六・七月号)
(2) 井上一郎『読者としての子どもを育てる文学の授業　文学の授業研究入門』(明治図書、一九九五年二月)
(3) 塩見みづ枝「今後の社会を生き抜く「自立・協働・創造」の力を育むために」(『初等教育資料』東洋館出版社、二〇一三年四月)
(4) 山極隆・無藤隆編『新しい教育課程と学校づくり3　自ら学び自ら考える力の育成』(ぎょうせい、一九九八年一二月)
(5) 井上一郎編著『「伝え合う力」を豊かにする自己発見学習――人間関係力を高める授業実践と十五の扉――』(明治図書、二〇〇三年八月)
(6) 再掲(4)
(7) 森田真吾「言語環境づくり」(田近洵一・井上尚美編『国語教育指導用語辞典　第四版』教育出版　P二三六~P二三七　二〇〇九年一月)
(8) 再掲(7)
(9) 再掲(7)
(10) フランシス・フォード・コッポラ監督　ロビン・ウィリアムズ主演『ジャック』アメリカン・ゾエトロープ社製作　一九九六年八月(日本公開　一九九七年三月)

（11）尾崎靖二『「言葉の力」を高める新しい国語教室入門――井上一郎理論に学ぶ――』（明治図書、二〇〇六年八月）
（12）多田孝志『対話力を育てる――「共創型対話」が拓く地球時代のコミュニケーション』（教育出版、二〇〇六年五月）
（13）初等教育資料「思考力・判断力・表現力をはぐくむ言語活動の充実とその具体化」というテーマでの座談会である。文部科学省初等中等教育局教育課程課教科調査官　水戸部修治氏を司会に、岩手大学教育学部教授　藤井知弘氏・山形県寒河江市立図書館長　武田詩子氏・佐賀県佐賀市鍋島小学校教諭　藤瀬雅胤氏とともに座談会を行い協議した。二〇〇九年八月。
（14）『幼稚園、小学校、中学校、高等学校及び特別支援学校の学習指導要領等の改善について（答申）』中央教育審議会　二〇〇八年一月
（15）再掲（14）

# 第二章

## 自己学習力と連携させた諸活動

## 第一節　学校図書館の改善

「子どもの読書活動は、言葉を学び、感性を磨き、表現力を高め、創造力を豊かなものにし、人生をより深く生きる力を身に付けていく上で欠くことのできないものであり、社会全体で積極的にそのための環境の整備を推進していくことは極めて重要である。」（「子どもの読書活動の推進に関する基本的な計画」文部科学省、平成二五年五月）読書は、国全体の大きな課題であり、読書が感受性を育て、人生を豊かなものにすることの意義は、だれもが認めるところである。

しかしながら、毎日新聞が全国学校図書館協議会（全国ＳＬＡ）と合同実施した「第五九回学校読書調査」（平成二五年十月二七日朝刊）によると、不読率は、小学生においては五パーセント、中学生は一七パーセント、高校生は四五パーセントという結果であった。調査した高校生の不読率が昨年に比べて八ポイント改善されたというが、高校生の半数近くが、一か月に一冊の本も読まない、という現実に驚く。本を読まない理由として、中高生は「本を読まなくても不便はない」「読みたい本がない。何を読んだらよいのか分からない」「趣味や友人との付き合いなどが忙しく、本を読む時間がない」といった理由を挙げている。忙しい毎日を過ごしている子どもたちに、「本を読みなさい。」「将来役に立つことがきっとあるから」と言っても意味はない。まず、小学校で本を読むことを前提とした授業、目的をもった課題解決の授業を行い、読書の楽しさを実感させることが必要ではないか。基礎をつくる小学校で、積極的に読書と関連させた授業、学校図書館を活用する授業を行う必要がある。そのためには、学校図書館の蔵書、内容、配架、人的措置、利用の工夫、活用の方法、保護者・地域・行政の支援、などを見直すことが必要である。足を運びたくなるような学校図書館、手に取りたくなるような本が置かれている学級文庫、できることから改善を行うようにしたい。

読書と関連させた授業については、第三章、第四章で具体的に実践を通して述べる。この節では、校長として二年間の在任中に行った、芦屋市立精道小学校学校図書館の改善を中心とする。

## 1　学校図書館の課題と改善

精道小学校の学校図書館は、二階の中央階段近く、体育館へ向かう途中の、一番子どもがよく通る場所にある。芦屋市教育委員会「子ども読書の街づくり推進事業」を受け、読書への熱も高まってきている中であり、条件は整っている。しかし、①学校図書館司書補助員が十時からの勤務であるため、朝登校したときや一校時の休み時間などは、施錠していることが多い、②新しく購入した本にラベルを付ける作業が遅れているため、段ボールの箱に入ったまま置いてある、③階段から遠いところが入口になっている、④子どもたちの読みたい本が奥の書棚に並んでいる、⑤情報センターとしての機能が不足している、など、施設や立地の良さが十分生かされていないように感じた。一言でいうと、もっと楽しく活用しやすい学校図書館にしたいというのが希望である。蔵書から、人的支援、掲示の工夫など学校図書館全体の環境づくりに取り組むことにした。この改善には、芦屋市「子ども読書の街づくり」推進委員会委員長であり、当時学校図書館改善プロジェクトにかかわっておられた井上一郎氏の指導の下、先進校に学びながら行ったものである。(1)

「読書活動を充実させる教育課程と学校図書館の考え方のポイント」として井上一郎氏は、次の七点挙げている。

① 本を読む楽しさを教えよう。

② 本を読む自由を獲得するために環境整備を行おう。
③ 各教科等で図書館を利用しよう。
④ 文章と本を活用する単元展開と授業にしよう。
⑤ 児童・生徒が活用しやすい学校図書館にしよう。
⑥ 学校図書館で本を読む滞在時間を長くしよう。
⑦ 学校図書館で授業をしよう[2]。

精道小学校では、目標を①足を運びたくなる学校図書館をつくる、②本を活用する授業を行う、の二点に絞って取り組んだ。精道小学校学校図書館改善の特徴は、兵庫県の「学校地域連携促進事業」の指定を受け、地域・保護者と一体となって進めたことにある。「無理せず・楽しく・できることから」をモットーに、地域のコーディネーターが中心となって組織する、「スマイルねっと」の協力を得ている。組織二年目には、更にボランティアの組織化を進め、年間延べ一二〇〇名の方に支援をいただいた。委託事業が終了した平成二四年度からも「スマイルねっと」の活動は継続している。

このような活動が認められ、「スマイルねっと」は、「平成二四年度優れた地域による学校支援活動推進にかかる文部科学大臣表彰」を受けた。

地域・保護者の方の姿がいつも学校にあり、子どもたちを見守ってくださったり、温かい声をかけてくださったりする中で、だんだんと教師や子どもたちの挨拶の声が交わされるようになり、学校への理解や信頼が高まるという嬉しい副産物もあった。地域・保護者の方の力なくしては、できなかったことがたくさんある。学校を開き、地域・保護者を巻き込み、一緒に楽しんで学校をつくるのが、学校運営に必要であると実感している。

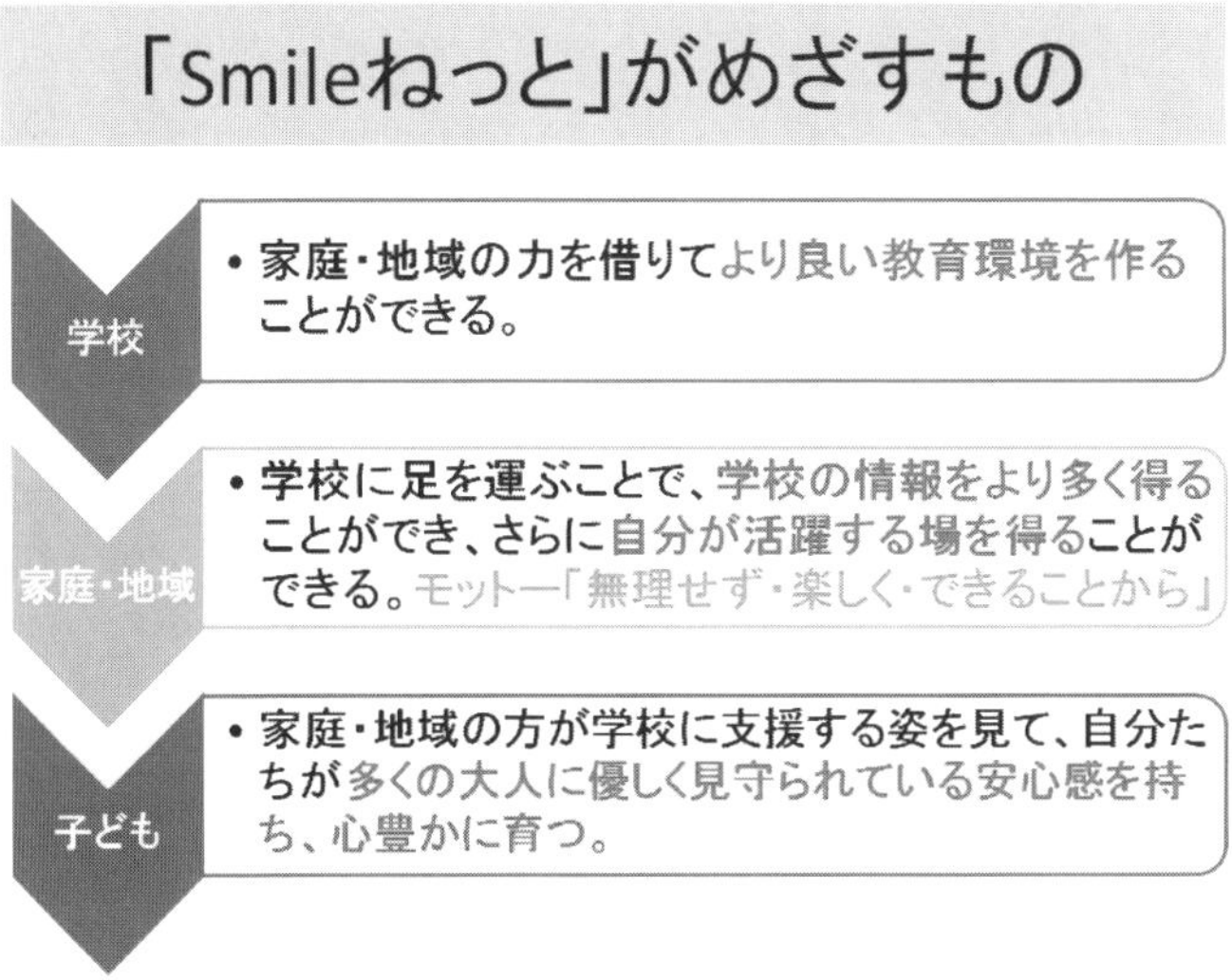
「Smileねっと」がめざすもの
学校
・家庭・地域の力を借りてより良い教育環境を作ることができる。
家庭・地域
・学校に足を運ぶことで、学校の情報をより多く得ることができ、さらに自分が活躍する場を得ることができる。モットー「無理せず・楽しく・できることから」
子ども
・家庭・地域の方が学校に支援する姿を見て、自分たちが多くの大人に優しく見守られている安心感を持ち、心豊かに育つ。

すまいる
「Smileねっと」って？
児童が心豊かに育つ精小の環境を
家庭・地域が連携して支援する活動です。
図書 ボランティア
・図書室の開室
・図書室の整備
園芸 ボランティア
・花の苗植え
・草抜き
・花壇の清掃
環境 ボランティア
・校内の清掃
・運動会の準備／片付け
見守り ボランティア
・登下校の見守り情報交換会
教育 ボランティア
・学習支援，生活支援等
すまいるクラブ
（1年生対象の放課後子どもプラン）

「芦屋市教育振興基本計画」の四本柱の一つに「読書」が入ったことも大きな後押しとなった。

### ① 足を運びたくなるような学校図書館へ

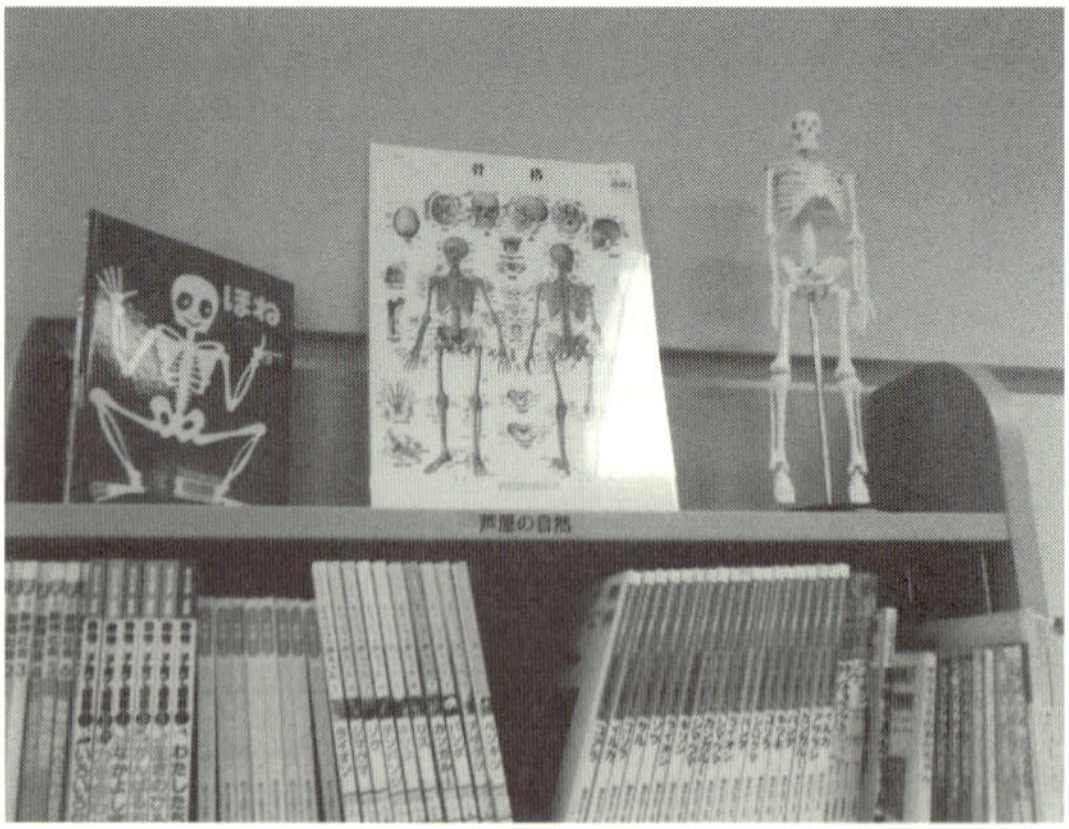

本と組み合わせて模型を展示

◆みんながよく通る中央階段近くに入口を変更。
◆「すのこ」と靴箱を置く。
◆学校図書館マップ作成。（保護者作成）
◆読書郵便などに活用する。赤いポスト設置。（職員作成）
◆お知らせやポスターをはったイーゼルの設置。
◆廃棄処分になった図書カードケースをもらい、ダーウィンの引き出し(5)を作る。

本と組み合わせてパペットを展示

### ② 本の入れ替え

井上一郎氏の指導と赤木かん子の本を基に(3)図書の置き換えを行った。入口付近に表紙が美しく、男子に人気がある自然科学系の絵本、左手に物語を作者別に並べ替えた。防災対策として、すべての書架は固定してあり、机の移動が難しい状況にある。本の入れ替えと展示や掲示の工夫、コーナーの設置を改善のポイントにした。①自然科学系の本の近くには、恐竜のポスター、②子どもが制作した恐竜の置物の近くには、恐竜の本、③工藤直子の詩集のコーナーには、「のはらうた」の版画を、ムーミンシリーズの横には、ムーミンのぬいぐるみを、と関連したグッズを多すぎない程度に置く。子どもから見て楽しいかどうかという視点で考えている。また、今月の本コーナー、一人で静かに読むコーナー、保護者手作りの絵本のキャラクターの刺しゅう入りカバーのついたソファのある、会話をしながら読んでもよいコーナー、調べ学習コーナー、などを作った。保護者の力を借りながらの改造であった。

赤木かん子が提案する「ダーウィンの引き出し」

ソファコーナー

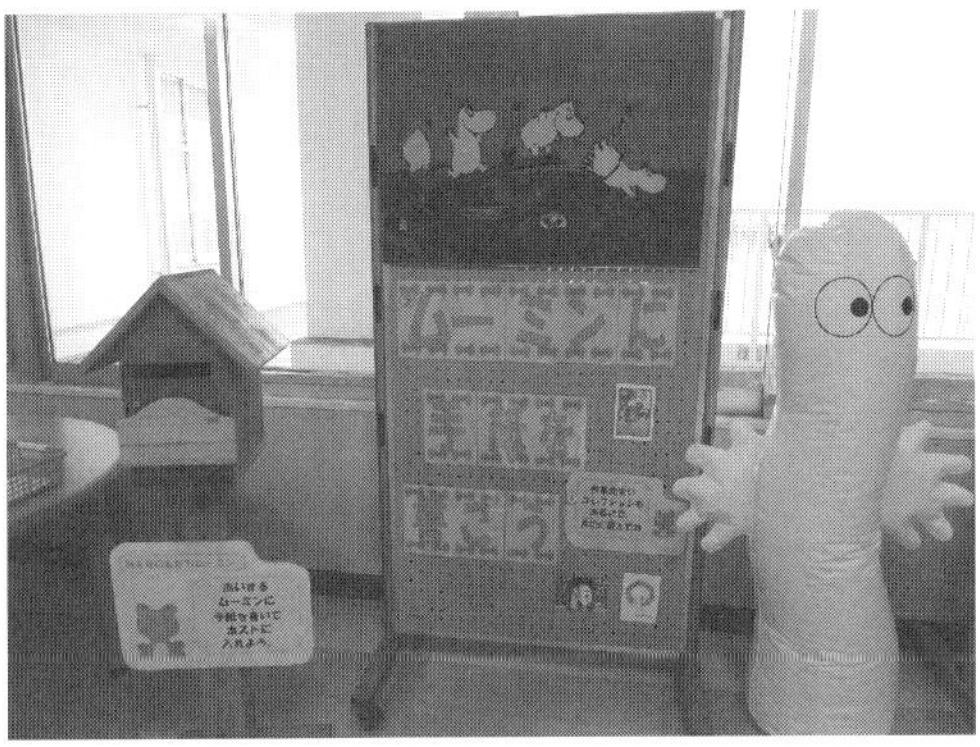

「ムーミンに手紙を書こう」コーナー

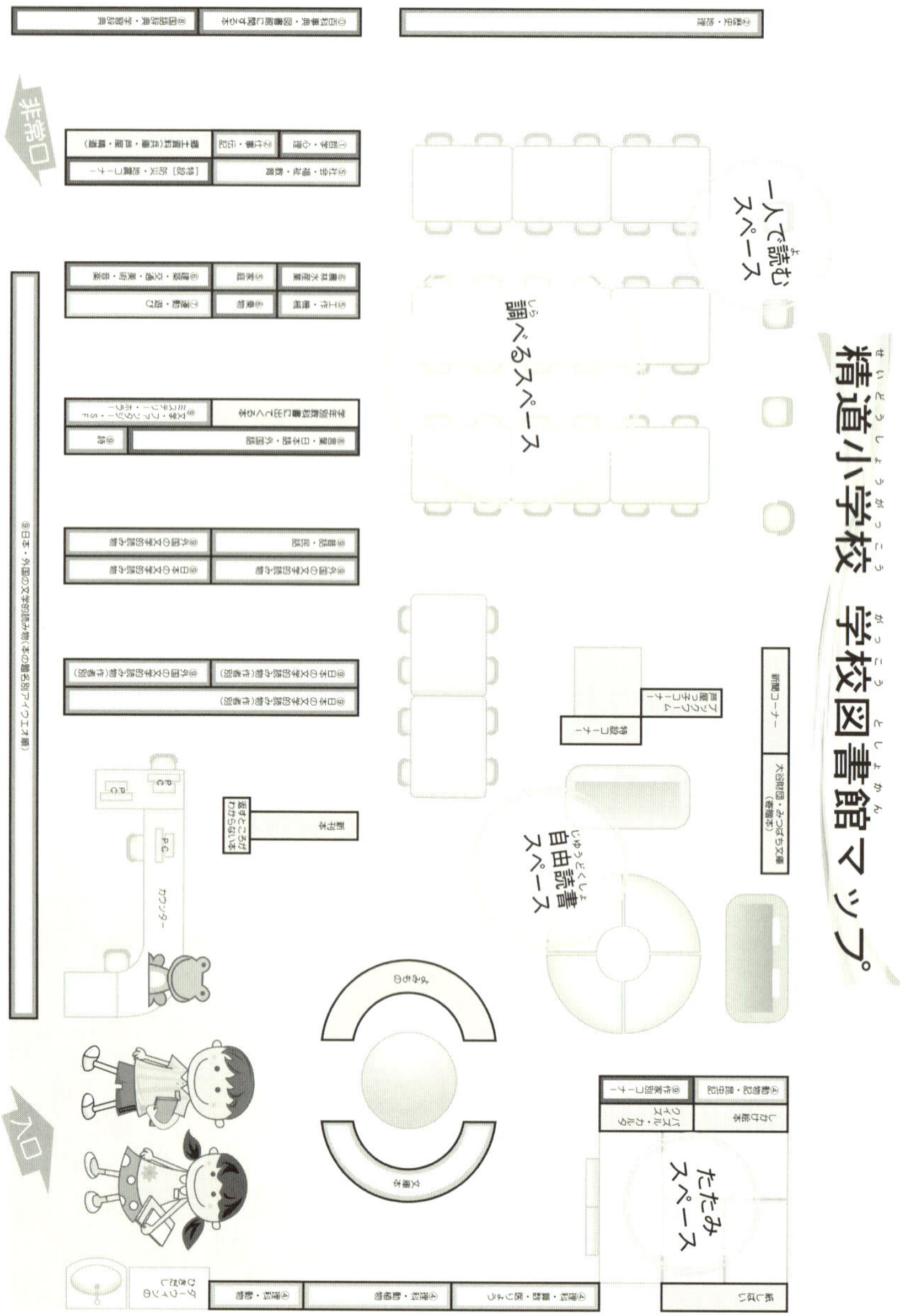

精道小学校 学校図書館マップ
一人で読むスペース
調べるスペース
自由読書スペース
たたみスペース
非常口
入口
カウンター
新聞コーナー
大谷財団・みつばち文庫（寄贈本）
新刊本
特設コーナー

こうした様々な工夫や改善の結果、子どもたちが学校図書館に足を運び、本を読んだり、借りたりする姿が、以前よりも多く見られるようになった。

### ③給食と本

本には、食べ物が出てくるものが多くある。食べることが重要な場面となっていたり、家族や友達といっしょに食べることで雰囲気が和やかになったり、料理を作ること自体が本のテーマになっていたりする。芦屋市では、そういう本と給食の献立を合わせて紹介したり、メッセージを送ったりする展示の取組を、栄養教諭が中心となって多く行っている。

給食の献立と本の展示

給食の献立と本の表紙の掲示

子どもたちの中には、身近な食と本の組み合わせに、本を読んで食べ物が単なる食べ物ではなく意味のあるものになって、食を身近に感じる子どももいれば、逆にこの食べ物がどのように本と関係しているのか、思わず本を手に取ったり、学校図書館で探したりする子どももいる。食が本を導き、本が食を導く。本は、食育の一端も担っているのである。

## ④掲示の工夫

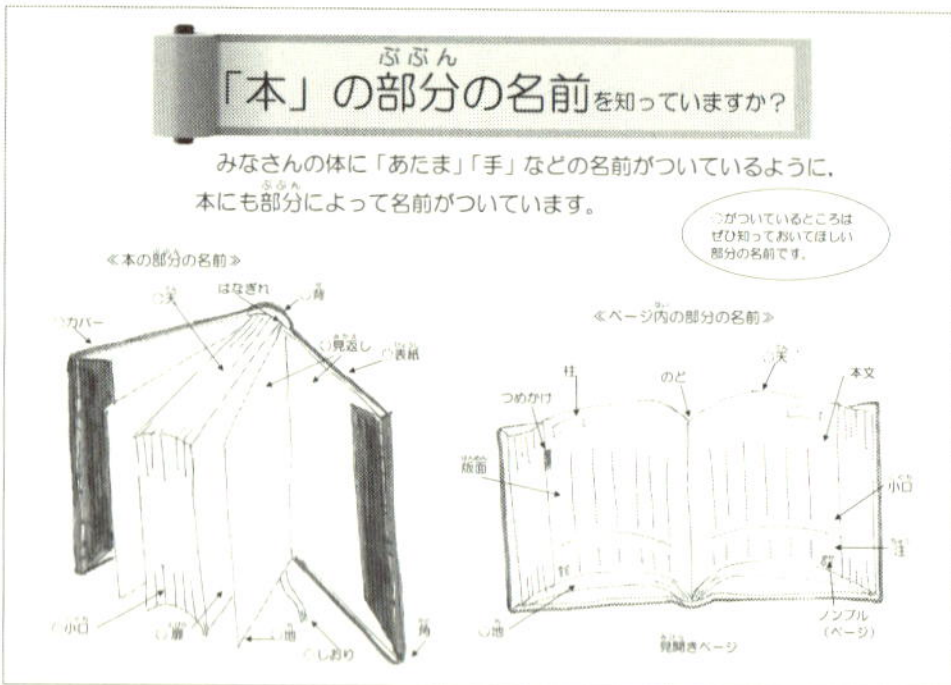


本の基本構造

物語を創作するのための
ポスター

精道小学校図書館のシンボルマークとキャラクター

空間を利用した、いろはかるたのモビール

## 2 保護者・地域との連携

### (1) 読み聞かせボランティア「おはなしや」と芦屋市読み聞かせネットワーク「本の虫ねっと」

各小学校の読み聞かせグループが、「本の虫ねっと」を組織し、読み聞かせの技術・本の選び方・読み聞かせの方法や本の選び方などの研修を毎月一回行っている。また、作成した大型絵本や人形劇の交流と貸し出しなども行っている。この取組は、中学校にも広がり、さらに大きなネットワークとなりつつある。

読み聞かせボランティア「おはなしや」の活動

「おはなしや」による読み聞かせ風景

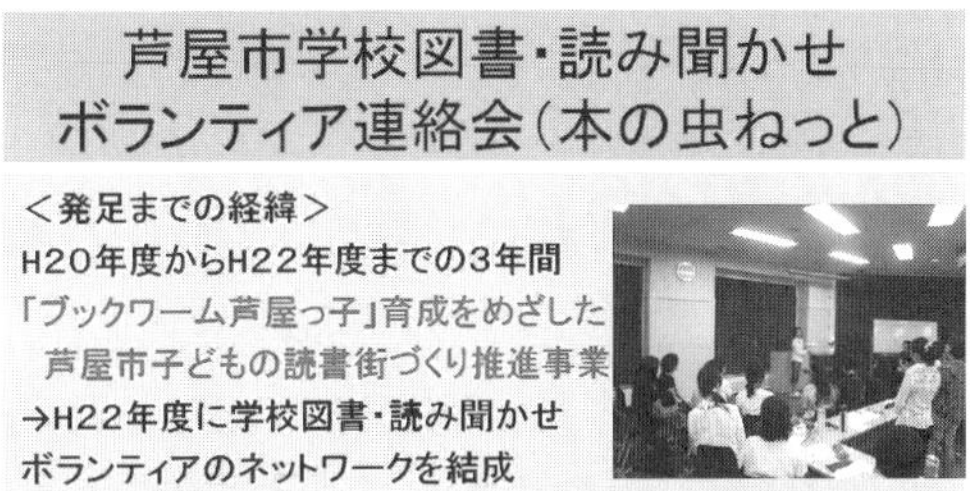

「本の虫ねっと」の活動

## (2) 「スマイルねっと」の学校図書館支援

精道小学校ボランティアグループ「スマイルねっと」は、学校図書館の改善の大きな力となった。電算化の支援・朝の開室・長期休業日前後の書架整理・新刊本の整理・学校図書館入り口の季節の展示、など、活動は多岐に渡っている。朝八時からの開室を待って、本を借りに来る子どもが増え、貸し出し冊数のアップにつながった。

電算化作業

朝の開室

学校図書館入り口の掲示作成

## 3　学校内の掲示の工夫

◆調べて、意見文を書く授業で、必要な本を学校図書館や市立図書館から借りて、コーナーを作っている。いつでも手に取れるようにしている。

◆階段のコーナーを利用した展示

本の紹介カードや本のショーウィンドー・読書紹介ポスター・ポップ・本の帯など、完成した作品を掲示している。

他の学年の子どもたちが、このような紹介の方法があることを知り、自分たちも挑戦したいという意欲につながっている。

◆玄関を入ってすぐの掲示には、どの学年の子どもも楽しめる掲示を考える。左は、「お手紙」のさし絵を見て、自分がカレンダーにするなら何月かを話し合っている様子。

### 4　本を活用する授業

本を読むことを前提とした授業を計画的に行うようにする。ビデオやテレビ番組、ゲストティーチャーの活用も行い、広く学習材として考えている。六年生の本を調べて、意見文を書く「平和について考えメッセージ展を開こう」「絵画と解説　アートブックをつくろう」では、教室の前に関連する本や資料を公立図書館からも借りてきて、選んで読めるようにした。「世界の民話を語ろう」「新美南吉作品を読んでブックトークをしよう」でも廊下やオープンスペースに本を置いて、読みつつ学習を進める姿があった。目的のために関連する本を読むことが当たり前になる授業を目指したい。

## 第二節　学級文庫

読書の環境を整える一つの手立てとして、子どもたちにとって一番身近な学級文庫を充実させたいものだ。単に教室に本を置き、自由に手に取って読むというだけでなく、もっと子どもたちに権限を委譲し、運営を任せる。主体的で有効な文庫活動を視野に入れたい。

### ■　学級文庫の本の充実

**【本の選定の観点】**

○　読者である子どもの発達段階を考慮する。

○　各自治体などで選定している「子どもに読ませたい本○○冊」といったブックリストや本のガイドブックなどを参考にする。

○　各教科等の学習で行う調べ学習などの目的に合わせて選ぶ。

**【子どもの発達段階と学級文庫にそろえたい本】**

低学年

文字を学習したばかりの一年生や、学校生活に慣れ活発さが増す二年生には、①声に出して読むと楽しい言葉遊びやオノマトペの本、②日本や世界の民話や昔話、③身近にいるが知らなかったという驚きのある生き物の本などを置きたい。

中学年

様々なことに興味をもち、集団での活動も出来る三年生、視野を広げ主体的に活動する四年生には、①同一作者やシリーズの本、②音読劇やブックトークなどの活動につながる本、③朗読や群読につながる詩、④科学的なものの見方を育てる本などをそろえたい。

高学年

上学年としてリーダーシップを発揮する五年生、自己認識が高まり自分という個性的な存在や心について考え始める六年生には、①俳句・短歌・落語・狂言・論語など語りにつながる伝統的な文化に関する本、②空想の世界へ出かけていく冒険譚、③人の生き方を考えさせられる伝記、④環境・戦争と平和など各教科等の学習に繋がる本、⑤地震・防災など知識を教え行動を引き出す本や新聞記事、スクラップなどを置きたい。

## ■　学級文庫を子ども主体で運営する

学級の図書係は、学級文庫の管理者であるだけではなく司書でもあるという意識をもたせたい。定期的に運営会議を開き、活動内容や方法を協議し積極的に進めていくことが大切である。

① **特設コーナーの設置**

多読を基本とした授業との関連でコーナーを設置する。「三年とうげ」などの民話を読んで物語を書いた子どもの作品などとセットでの展示や、他の国や地域の民話など発展につながる展示が考えられる。また、「おすすめの本」「シリーズの本」「新刊本」の設置なども考えられる。

② **読書イベントの開催**

「学級文庫の本を読んでポップ大賞をめざそう」「一年生に本の読み聞かせをしよう」「詩の朗読会をひらこう」「ブックトーク発表会」などの文庫活動を行う。下級生など聞いてもらう相手がいれば意欲も増す。教師の指導のもと、授業との関連で実行することも可能である。

③ **○年○組図書だよりの発行・広報活動**

学校図書館で発行している図書だよりのフォーマットなどを活用して、学級独自の図書館だよりを発刊する。学級の図書係が企画・推進の中心となるが、個人の読書にかかわる取組の状況や体験談などを輪番で紹介するなどの工夫が考えられる。

④ **スペースの活用と学校図書館との連携**

学級文庫の一番の特徴は、子どもが手を少し伸ばせば届くところにあるということだ。広い場所を確保するのは難しいが、学校図書館と連携し、入れ替えの回数を増やすことで小さなスペースでも活発な活動につながる。ブックトラックを活用し、今読んでもらいたい本をまとめて貸し出してもらうようにするとよい。

⑤ **教師や保護者、地域との連携**

学校の教師や保護者、あるいは地域の方々と連携し、「子どもたちに読んでほしい本」などについて紹介してもらったり、本の寄付をお願いしたり、読み聞かせに参加してもらったりして連携を図りたい。

## 第三節　市全体で取り組む「子ども読書の街づくり」

芦屋市では、平成二十年四月より三年間「芦屋市子ども読書の街づくり推進事業」を行った。（当時私は、学校教育部長として、この事業にかかわった。）市全体で読書の街づくりを進めること、ブックワーム芦屋っ子の育成を目的に、以下のような取組を行っている。

①「本が大好き　読みたいな　子どもに読ませたい図書リスト四〇〇選」ガイドブック作成と配布

芦屋市在住の幼児児童生徒全員に配布している。各保育所・幼稚園・小中学校にブックトラックとともに対象の本を入れて配布した。五年に一度リストの見直しを行う予定である。家庭と教師を対象に、ガイドブックの活用の方法を示したページもある。

②「おはなしノート」「読書ノート」（本を読んで書くワークシート集）「読書スタンプラリー」の作成

幼児には、文字が読み書きできなくても、取り組めるノートを作成した。ノートを手に市立図書館へ通う姿がみられる。

③ 家読運動の推進

家庭においてもガイドブックやおはなしノート、読書ノートを活用する。ともに、親も子どもも本を読むことを勧めるチラシを配布するなどの啓発を行った。

④ 子ども読書フェスティバル等イベントの開催

街づくりの一つの柱として、公立図書館やその他関係機関と連携し、芦屋子ども読書フェスティバル、子

街の本屋さんにできた
「ブックワーム芦屋っ子」コーナーと
ポスター

市立図書館で「おはなしノート」に
スタンプを押す園児

「本が大好き　読みたいな」ガイドブック

「本が大好き　読みたいな」推薦図書リスト　　　　グレード2　小学校　中・高学年

| 通No. | グレード | 書名 | 作者 | 訳者 | 絵 | 発行社 |
|---|---|---|---|---|---|---|
| 1 | 2 | おれは歌だ　おれはここを歩く<br>アメリカ・インディアンの詩 | アメリカ・インディアンの詩 | 金関　寿夫 | 秋野　亥左牟 | 福音館書店 |
| 2 | 2 | ことばがいっぱい<br>言葉図鑑　1　うごきのことば | 五味　太郎 | ― | 五味　太郎 | 偕成社 |
| 3 | 2 | どうぶつ句会オノマトペ | あべ　弘士 | ― | あべ　弘士 | 学習研究社 |
| 4 | 2 | のはらうた | くどうなおこと<br>のはらみんな | ― | 工藤　直子 | 童話屋 |
| 5 | 2 | まさかさかさま動物回文集 | 石津　ちひろ | ― | 長　新太 | 河出書房新社 |
| 6 | 2 | 金子みすゞ童謡集<br>わたしと小鳥とすずと | 金子　みすゞ | 矢崎　節夫 | 金子　みすゞ | JULA出版局 |
| 7 | 2 | これはのみのぴこ | 谷川　俊太郎 | ― | 和田　誠 | サンリード |
| 8 | 2 | うふふ詩集 | まど　みちお | ― | nakaban | 理論社 |
| 9 | 2 | 阪田寛夫詩集 | SakataHhiroo | ― |  | ハルキ文庫 |
| 10 | 2 | 大型版　あらしのよるにシリーズ　①<br>あらしのよるに | きむら　ゆういち | ― | あべ　弘士 | 講談社 |
| 11 | 2 | ゴリラ　にっき | あべ　弘士 | ― | あべ　弘士 | 小学館 |
| 12 | 2 | ねえ、どれがいい？ | ジョン・バーニンガム | まつかわ　まゆみ | ジョン・バーニンガム | 評論社 |
| 13 | 2 | 魔女図鑑<br>魔女になるための11のレッスン | マルカム・バード | 岡部　史 | マルカム・バード | 金の星社 |
| 14 | 2 | 親子で楽しむ　こども論語塾 |  | 田部井　文雄 | ― | 明治書院 |
| 15 | 2 | はじめてであう日本の古典<br>狂言・謡曲　ふたり大名ほか | 今江　祥智 | ― | 赤羽　末吉 | 小峰書店 |
| 16 | 2 | ギリシア神話 | 石井　桃子 | 石井　桃子 | 富山　妙子 | のら書店 |
| 17 | 2 | 夕鶴 | 木下　順二 | ― | 木下　順二 | 金の星社 |
| 18 | 2 | じごくのそうべえ<br>桂米朝・上方落語・地獄八景より | たじま　ゆきひこ | ― | 田島　征彦 | 童心社 |
| 19 | 2 | 八郎 | 斎藤　隆介 | ― | 滝平　二郎 | 福音館書店 |
| 20 | 2 | 落語絵本<br>じゅげむ | 川端　誠 | ― | 川端　誠 | クレヨンハウス |
| 21 | 2 | 狂言えほん　ぶす | 内田　麟太郎 | ― | 長谷川　義史 | ポプラ社 |
| 22 | 2 | エーミールと探偵たち | エーリヒ・ケストナー | 池田　香代子 | エーリス・ケストナー | 岩波少年文庫 |
| 23 | 2 | エルマーのぼうけん | ルース・スタイルス・ガネット | わたなべ　しげお | ルース・クリスマン・ガネット | 福音館書店 |
| 24 | 2 | おしいれのぼうけん | ふるた　たるひ<br>たばたせいいち | ― | たばた　せいいち | 童心社 |
| 25 | 2 | 風にのってきたメアリー・ポピンズ | P. L. トラヴァース | 林　容吉 | ― | 岩波少年文庫 |

| 通No. | グレード | 書名 | 作者 | 訳者 | 絵 | 発行社 |
|---|---|---|---|---|---|---|
| 26 | 2 | ガンバとカワウソの冒険 | 斎藤 惇夫 | ― | 藪内 正幸 | 岩波少年文庫 |
| 27 | 2 | 宝島 | スティーヴンスン | 海保 眞夫 | ― | 岩波少年文庫 |
| 28 | 2 | たのしい川べ ―ヒキガエルの冒険― | ケネス・グレーアム | 石井 桃子 | ― | 岩波書店 |
| 29 | 2 | コロボックル物語 1 だれも知らない小さな国 | 佐藤 さとる | ― | 村上 勉 | 講談社 青い鳥文庫 |
| 30 | 2 | ちびっこカムのぼうけん | 神沢 利子 | ― | 山田 三郎 | 理論社 |
| 31 | 2 | トム・ソーヤーの冒険（上・下） | マーク・トウェイン | 石井 桃子 | ― | 岩波少年文庫 |
| 32 | 2 | ドリトル先生アフリカゆき | ヒュー・ロフティング | 井伏 鱒二 | ― | 岩波少年文庫 |
| 33 | 2 | ながいながいペンギンの話 | いぬい とみこ | ― | 大友 康夫 | 岩波少年文庫 |
| 34 | 2 | 長くつ下のピッピ | アストリッド・リンドグレーン | 大塚 勇三 | ― | 岩波少年文庫 |
| 35 | 2 | ニルスのふしぎな旅 | セルマ＝ラーゲルレーフ | 山室 静 | 井江 栄 | 講談社 青い鳥文庫 |
| 36 | 2 | ふしぎの国のアリス | ルイス＝キャロル | 高杉 一郎 | 山本 容子 | 講談社 青い鳥文庫 |
| 37 | 2 | ホビットの冒険（上・下） | J.R.R.トールキン | 瀬田 貞二 | J.R.R.トールキン | 岩波少年文庫 |
| 38 | 2 | ライオンと魔女 ナルニア国ものがたり 1 | C ・S・ルイス | 瀬田 貞二 | C ・S・ルイス | 岩波書店 |
| 39 | 2 | ローワンと魔法の地図 | エミリー・ロッダ | さくま ゆみこ | 佐竹 美保 | あすなろ書房 |
| 40 | 2 | がんばれヘンリーくん | ベバリィ・クリアリー | 松岡 享子 | ルイス・ダーリング | 学習研究社 |
| 41 | 2 | クマのプーさん プー横丁にたった家 | A・Aミルン | 石井 桃子 | A・Aミルン | 岩波書店 |
| 42 | 2 | 車のいろは空のいろ 春のお客さん | あまん きみこ | ― | 北田 卓史 | ポプラ社 |
| 43 | 2 | 小さなスプーンおばさん | アルフプリョイセン | 大塚 勇三 | ― | 学習研究社 |
| 44 | 2 | トムは真夜中の庭で | フィリパ・ピアス | 高杉 一郎 | ― | 岩波書店 |
| 45 | 2 | ハイジ（上・下） | ヨハンナ・シュピリ | 上田 真而子 | ― | 岩波少年文庫 |
| 46 | 2 | 秘密の花園（上・下） | バーネット | 山内 玲子 | ― | 岩波少年文庫 |
| 47 | 2 | モモ | ミヒャエル・エンデ | 大島 かおり | ― | 岩波少年文庫 |
| 48 | 2 | モモちゃんとプー | 松谷 みよ子 | ― | 菊池 貞雄 | 講談社 |
| 49 | 2 | やかまし村の子どもたち | アストリッド・リンドグレーン | 大塚 勇三 | ― | 岩波少年文庫 |
| 50 | 2 | ルドルフとイッパイアッテナ | 斉藤 洋 | ― | 杉浦 範茂 | 講談社 |

「本が大好き　読みたいな」推薦図書リスト　　　　グレード2　小学校　中・高学年

| 通No. | グレード | 書名 | 作者 | 訳者 | 絵 | 発行社 |
|---|---|---|---|---|---|---|
| 51 | 2 | イチロー　進化する天才の軌跡 | 佐藤　健 | ― | | 講談社　火の鳥人物文庫 |
| 52 | 2 | ノーベル平和賞に輝く聖女<br>マザー＝テレサ | 望月　正子 | ― | | 講談社　火の鳥伝記文庫 |
| 53 | 2 | 雪の写真家　ベントレー | ジャクリーン・ブリッグズ・マーティン | 千葉　茂樹 | メアリー・アゼアリアン | BL出版 |
| 54 | 2 | MARIE　CURIE<br>マリー・キュリー | フィリップ・スティール | 赤尾　秀子 | ― | BL出版 |
| 55 | 2 | 野口　英世 | 浜野　卓也 | ― | ― | ポプラ社 |
| 56 | 2 | 杉原千畝物語<br>命のビザをありがとう | 杉原　幸子<br>杉原　弘樹 | ― | ― | 金の星社 |
| 57 | 2 | 公害とたたかった鉄の人<br>田中　正造 | 砂田　弘 | ― | ― | 講談社火の鳥伝記文庫 |
| 58 | 2 | 100万回生きたねこ | 佐野　洋子 | ― | 佐野　洋子 | 講談社 |
| 59 | 2 | 海べのあさ | マックロスキー | 石井　桃子 | マックロスキー | 岩波書店 |
| 60 | 2 | 飛ぶ教室 | エーリヒ・ケストナー | 池田　香代子 | ― | 岩波少年文庫 |
| 61 | 2 | 星の王子さま | サン＝テグジュペリ | 三田　誠広 | ― | 講談社青い鳥文庫 |
| 62 | 2 | 盲導犬クイールの一生 | 石黒　謙吾 | ― | 秋元　良平 | 文春文庫PLUS |
| 63 | 2 | ルリユールおじさん | いせひでこ | ― | ― | 理論社 |
| 64 | 2 | 赤ちゃんのはなし | マリー・ホール・エッツ | 坪井　郁美 | マリー・ホール・エッツ | 福音館書店 |
| 65 | 2 | いのちのおはなし | 日野原　重明 | ― | 村上　康成 | 講談社 |
| 66 | 2 | せいめいのれきし | バージニア・リー・バートン | いしい　ももこ | バージニア・リー・バートン | 岩波書店 |
| 67 | 2 | 生きる意味って何だろう？<br>旭山動物園園長が語る命のメッセージ | 小菅　正夫 | | | 角川文庫 |
| 68 | 2 | 葉っぱのフレディ<br>―いのちの旅― | ﾚｵ･ﾊﾞｽｶｰﾘｱ | みらい　なな | ― | 童話屋 |
| 69 | 2 | わすれられないおくりもの | スーザン・ハーレイ | 小川　仁央 | スーザン・ハーレイ | 評論社 |
| 70 | 2 | 大きな森の小さな家 | ローラ・インガルス・ワイルダー | 恩地　三保子 | ガース・ウィリアムズ | 福音館文庫 |
| 71 | 2 | おおきな木 | シェル・シルヴァスタイン | ほんだ　きんいちろう | シェル・シルヴァスタイン | 篠崎書林 |
| 72 | 2 | たのしいムーミン一家 | トーベ＝ヤンソン | 山室　静 | トーベ＝ヤンソン | 講談社　青い鳥文庫 |
| 73 | 2 | ペニーさん | マリー・ホール・エッツ | 松岡　享子 | マリー・ホール・エッツ | 徳間書店 |
| 74 | 2 | ロバのシルベスターとまほうの小石 | ウィリアム・スタイグ | せた　ていじ | ― | 評論社 |
| 75 | 2 | おてんきかんさつえほん<br>あしたのてんきは　はれ？くもり？あめ？ | 野坂　勇作<br>根元　順吉 | ― | ― | 福音館書店 |

| 通No. | グレード | 書名 | 作者 | 訳者 | 絵 | 発行社 |
|---|---|---|---|---|---|---|
| 76 | 2 | おねしょの名人 | 山田 真・柳生 弦一郎 | ― | ― | 福音館書店 |
| 77 | 2 | 想像してごらん・・・<br>きみはチョウになる | ジョアンヌ・ライダー | みらい なな | リン・チェリー | 童話屋 |
| 78 | 2 | シートン動物記 1<br>オオカミ王ロボ ぎさ耳ぼうやの冒険 | アーネスト。トンプソン・シートン | 藤原 英司 | 木村 しゅうじ | 集英社 |
| 79 | 2 | 少年少女ファーブル昆虫記 1<br>たまころがしの生活 | ファーブル | 古川 晴男 | ― | 偕成社 |
| 80 | 2 | たねがとぶ | 甲斐 信枝<br>森田 竜義 | ― | ― | 福音館書店 |
| 81 | 2 | 旅の絵本 | 安野 光雅 | ― | 安野 光雅 | 福音館書店 |
| 82 | 2 | かこさとし からだの本3<br>むしばミュータンスのぼうけん | かこ さとし | ― | かこ さとし | 童心社 |
| 83 | 2 | 森はオペラ | 姉崎 一馬 | ― | 姉崎 一馬 | クレヨンハウス |
| 84 | 2 | よあけ | ユリー・シュルヴァッツ | 瀬田 貞二 | ユリー・シュルヴァッツ | 福音館書店 |
| 85 | 2 | よいしょ | 工藤 直子 | ― | 工藤 直子 | 小学館 |
| 86 | 2 | 海辺のずかん | 松岡 達英 | ― | ― | 福音館書店 |
| 87 | 2 | 木の本 | 萩原 信介 | ― | 高森 登志夫 | 福音館書店 |
| 88 | 2 | 植物あそび | ながた はるみ | ― | ― | 福音館書店 |
| 89 | 2 | せかいのひとびと | ピーター・スピアー | 松川 真弓 | ピーター・スピアー | 評論社 |
| 90 | 2 | こどもがはじめてであう<br>にっぽんちず絵本 | とだ こうしろう | ― | ― | 戸田デザイン研究室 |
| 91 | 2 | 野の草花 | 古矢 一穂<br>高森 登志夫 | ― |  | 福音館書店 |
| 92 | 2 | りんご 津軽 りんご園の1年間 | 叶内 拓哉 | ― | 叶内 拓哉 | 福音館書店 |
| 93 | 2 | 鳥の巣の本 | 鈴木 まもる | ― | ― | 岩崎書店 |
| 94 | 2 | 火垂るの墓 | 野坂 昭如 | ― |  | ポプラ社ポケット文庫 |
| 95 | 2 | あのころはフリードリヒがいた | ハンス・ペーター・リヒター | 上田 真而子 | ― | 岩波少年文庫 |
| 96 | 2 | エリカ<br>奇跡のいのち | ルース・バンダー・ジー | 柳田 邦男 | ロベルト・インノチェンティ | 講談社 |
| 97 | 2 | おこりじぞう | 山口 勇子 | ― | 四国 五郎 | 新日本出版社 |
| 98 | 2 | ガラスのうさぎ | 高木 敏子 | ― | 武部 本一郎 | フォア文庫 |
| 99 | 2 | かわいそうなぞう | つちや ゆきお | ― | たけべ もといちろう | 金の星社 |
| 100 | 2 | まちんと | 松谷 みよ子 | ― | 司 修 | 偕成社 |

ども読書フォーラムの開催、読書キャンペーンの実施等、学校・家庭・地域市民が一体となった事業を行った。

⑤　オーサービジット

児童文学作家や「図書リスト四〇〇選」にちなんだ講師を学校に招聘し、講師との触れ合いをきっかけに、子どもたちの読書への意欲化を図った。

こうした取組は、街の本屋さんの協力も得た。店頭に幟旗を掲げてくださる本屋さん、「本が大好き　読みたいな　子どもに読ませたい本四〇〇選ブックワーム芦屋っ子」コーナーを作ってくださった本屋さんもある。「かばんの中に一冊の本を」をキャッチコピーにし、その横断幕を市内各所に設置した。芦屋市全体で行う読書活動と、精道小学校における読書活動がつながり、さらに各学校園での読書活動に広がりをみせ、秋田喜代美の提唱する「読書コミュニティ」のような様相を示したことは、大きな喜びであった。読書コミュニティは、「読書文化へこどもたちの参加を誘い、ともに読書生活を楽しむというビジョンを共有する、市民としての自主性と主体性と責任を自覚した人たちによる集団体系」であり、「作家、編集者、司書、学校図書館司書、司書教諭、書店といった専門家もいれば、読者としての大人も子供も含まれます。地域で読書にかかわっている人が同じビジョン、展望（読書をすべての子どもたちに、本を読む楽しみをともに）をもつことで相互につながり合うことができると思います。[4]」と、秋田は述べている。

継続して読書が、街や学校の中核にあるように、いつも考えを巡らすこと、何ができるかを考えてともに行動することが、市民の、教師の大きな課題であり、楽しみでもある。

## 第四節　教育委員会の支援と連携

### 1　国や教育委員会の役割と支援

「児童生徒の学習評価の在り方について（報告）」（平成二二年三月十七日）では、国や都道府県教育委員会の役割として、①学習指導と学習評価の在り方、評価の観点とその趣旨、評価規準、評価方法について参考となる資料を示すとともに、具体的な事例の収集、提示を行う。その際、国においては、それぞれの観点にふさわしい評価規準や具体的な評価方法を示すことなどにより、学校や教師にとって一層使いやすく分かりやすい資料を作成すること、②保護者に対し、新しい学習指導要領の趣旨と併せ、学習評価についても、集団に準拠した評価ではなく、目標に準拠した評価を行うこと、が求められる。また、観点別学習状況の趣旨等について、十分な説明を行い、周知していくことが重要であると述べている。

これらの資料や周知を踏まえ、国や都道府県教育委員会との連携を図りながら学校の設置者である市町村教育委員会は、①評価計画・評価規準・評価方法についての指導・助言、②情報の共有化や校種間の連携の推進、③研究・研修の充実等、を計画的に行い、必要に応じて施策に反映させていくことが重要となる。その具体的な指導や支援のポイントを三点挙げる。

### 2　具体な指導・支援のポイント

第一に、授業改善や授業構想と結びつけて具体的に学習評価の指導や助言を行うことである。指導主事が、新学習指導要領の改訂の趣旨を踏まえ各学校における年間指導計画や授業研究の目標に即した学習指導案を現場において指導する中で、評価規準や評価方法を結び付けて指導することが大切である。各学校での授業研究会での指導助言、学習評価担当者を集めての指導、研修センター等で年間を通して行う学習評価の研究における指導助言などがある。こうした指導助言を地道に繰り返し行うことが大切である。

第二に、国や都道府県で作成した学習評価の事例集や資料をもとに、各市町村教育委員会や学校で自分たちの事例を蓄積していくことである。情報のネットワーク化も進んできており、研修センターや学校で教科ごとに自分たちの評価規準をデータベース化することが出来る。事例集を作成することに大きな労力をかけるのではなく、実践を見直しながら少しずつ積み上げていくことが大切である。評価規準が現場で実感されて授業実践に反映されることが重要なのである。ともすれば各教科や学年や単年度の中に納まりがちな評価規準を学校全体や市町村全体で集積していき、結果として事例が集まり、それらを改善しながら活用するのである。

第三に、多様な形式の研修や研究を行うことである。各都道府県教育委員会や市町村教育委員会において、経験者研修や様々な課題別研修が企画実施されている。そうした中にこの学習評価規準の考え方や方法をいれていくことである。目的をもち、一単元の指導計画、一単位時間など一連の授業の中での評価を、公開授業や示された学習指導案や作品等をもとに具体的に演習しながら研修していく。大学などの研究機関と連携し講師として招聘し、ともに研究していくなどの方法もある。一人一人の児童生徒の学習状況を検証することは、教師の豊かな教材研究と、基礎的基本的な知識技能を活用して思考し判断し表現するといった指導過程構想力にかかっており、教育委員会はそのことを念頭におき、具体的に支援しなければならない。また、教育委員会や学校は、機会をとらえて保護者に対して、新学習指導要領の趣旨やそれと連動した形成的評価について説明し、理解を得て、家庭での学習など協力につなげることが必要である。

**注**

（1）井上一郎編著『思考力・読解力アップの新空間　学校図書館改造プロジェクト　図書館フル活用の教科別授業アイデア二〇』（明治図書、二〇一三年九月）。紹介されている、学校図書館改造プロジェクトを行った、盛岡市立月が丘小学校・横浜市立白幡小学校、唐津市立箞木小学校の取組やその取組の経過に学んでいる。

（2）再掲（2）

（3）赤木かん子『読書力アップ　学校図書館のつくり方』（光村図書、二〇一〇年四月）
赤木かん子『読書力アップ　学校図書館のつかい方』（光村図書、二〇一二年五月）

（4）秋田喜代美・黒木秀子編『本を通して絆をつむぐ　読書コミュニティのデザイン　児童期の暮らしを創る読書環境』（北大路書房　二〇〇六年八月）

# 第三章　表現力を育てる国語教室と授業

## 第一節　話す力・聞く力を育てる国語教室と授業

発問に対して、挙手をする数人の子どもの発言で授業を進めたり、自分の考えをもつことより人の意見に同調し、全体の中に埋没してしまいそうな子どもを見過ごしたりしたことがなかったかと反省することがある。思い返してみると、登場人物の気持ちやかかわりを文章に書き、想像させ話し合うことはあっても、自分の考えを主張したり、討論させたりしたことはなかった。家族や地域社会の共同体の中で、自然と人の気持ちを察したり、通じたりした時代ではもはやなく、ゲームなどバーチャルの世界、核家族化、地域社会の連帯感の薄れ、など子どもを取り巻く環境は、子どもの心を閉じさせる方向へ、あるいは希薄な人間関係へと向かわせているのが、現代である。

子どもたちは、自分の気持ちを伝えたり、気持ちや考えを主張しながら解決に向かったりすることができにくく、ささいなことで言い争い、やがてけんかに発展することがある。時間をかけて両者の気持ちを整理し、解きほぐしていくのも現代の教師の仕事である。

そうした子どもたちの実態と、ますます変化の激しくなるこれからの時代を生きる子どもたちだからこそ、社会生活・実生活につながるコミュニケーション能力の育成が求められるところである。社会の中で他者と協働しながら、自立して自分の人生を生きることが、二一世紀において特に必要な能力となるからである。自己表現力、自己学習力といった主体性や自尊感情をもち、自己主張の面からも自分の意見や考えをもつことが今以上に大切にされること、そして、対立や軋轢があっても、他者と協働し違う意見をすり合わせたり、選んだりして合意形成を行う相互作用的なコミュニケーション能力を育成しなければならない。

多田孝志は、「子どもたちはなぜ沈黙するのか」という問いに対して「その要因は、間違いなく他者の目への怯えであり、失敗への恐れである」という。これを払拭するには、『かかわる体験』を増やすこと、他者への関心をもたせること、小さな一歩を踏み出すことである」と述べる[1]。

学習指導要領の「伝えあう力を高める」という国語の目標は、「人間と人間との関係の中で、互いの立場や考えを尊重し、言語を通して適切に表現したり正確に理解したりする力を高める。」（学習指導要領1教科の目標）である。この伝えようという気持ちを醸成し、かかわる力をつける単元を構想することが教師に求められている。

一人一人が言語を駆使して、相手を意識しながら自己表現したり、全員で協力して新しい作品を創造したりして、生き生きと目的に向かって力を付けていく子どもたちを、私達は授業を通して育成しなければならない。

## 1　学習指導要領における「話すこと・聞くこと」の領域

「話すこと・聞くこと」の領域の目標は、以下のように段階的に指導していくように示されている。

○　第一学年及び第二学年

・　相手に応じ、
・　身近なことなどについて、事柄の順序を考えながら話す能力、
・　大事なことを落とさないように聞く能力、
・　話題に沿って話し合う能力を身に付けさせるとともに、
・　進んで話したり聞いたりしようとする態度を育てる。

○　第三学年及び第四学年

・相手や目的に応じ、調べたことなどについて、
・筋道立てて話す能力、
・話の中心に気を付けて聞く能力、
・進行に沿って話し合う能力を身に付けさせるとともに、
・工夫をしながら話したり聞いたりしようとする態度を育てる。

○第五学年及び第六学年
・目的や意図に応じ、
・考えたことや伝えたいことなどについて、的確に話す能力、
・相手の意図をつかみながら聞く能力、
・計画的に話し合う能力を身に付けさせるとともに、
・適切に話したり聞いたりしようとする態度を育てる。

○**相手意識・場意識・目的意識を重視する**

話す・聞く相手はだれか、（年齢・人数・関係性など）話す・聞く場所はどこか、（広さ・状況など）、話す・聞く目的は何か、（案内・報告・発表・取材・説明など）に応じる能力を身に付けさせることが求められている。それによって、言葉遣いや声の出し方・大きさ・速さ、資料などの提示の仕方なども違ってくる。言語活動の場において明確に考えることが必要である。

また、これらの能力は、「書くこと」「読むこと」の領域と相互に関連している。「話すこと・聞くこと」の領域の一部を取り立てて指導することもあるが、本を読んで音読したり、スピーチのための発表原稿を書いたりするなど相互に関連した指導を行い、力を付けていくものである。

○「話すこと・聞くこと」の指導事項

指導事項においても、①話題設定や取材に関する指導事項、②話すことに関する指導事項、③聞くことに関する指導事項、③話し合うことに関する指導事項、となっている。ポイントは、①「話すこと」と「聞くこと」を一体化して考えられるようにすること、②日常的に一定の時間、帯タイムを設け、継続して行う指導（発声・滑舌・詩の音読など）・取り立てて行う指導（スピーチ・話し合いの仕方・質問の仕方など）・他の領域と関連させて行う指導の三方向の指導を意識して行うこと、である。「話すこと・聞くこと」の領域の特徴として、相手意識がある。だれに対して話すのか、という相手意識、何のために話すのかという目的意識が明確でないといけない。また、何を話すのかという、内容、どのようにして話すのか、という方法、を学年に応じて指導することも必要である。言語活動例イには、「グループで話し合って考えを一つにまとめたりすること」（第一学年及び第二学年）→「学級全体で話し合って考えをまとめたり、意見を述べ合ったりすること」（第三学年及び第四学年）→「調べたことやまとめたことについて討論をすること」（第五学年及び第六学年）と示されている。

井上一郎は、「話し合う力は（中略）ややもすれば各自が考えを構築した上で相手に伝えることが主たる能力のように思われてきたきらいがある。小中学校等において指導すべき重点は、いかにそれぞれが考えを出し合い、協力し合い、考えを構築したり高めたりするかということではなかろうか。準備した自己の考えではなく、言わば相互作用的に話し合う能力としてとらえるべきではないかということである。」と述べる。[2] 現代の子どもたちは、ICT環境がどんどん進んでいく社会の影響を受け、友達や地域社会、自然、などと自分から積極的にかかわり、自己を開き、対話しながら協調して人間関係を築こうとする力が、弱くなってきていることを感じる。相互に対話しながら、意見の違いやぶつかり合いを乗り越え、自らをさらに高めていく双方向での「話す力・聞く力」の重要な柱としてとらえることが必要である。平田オリザは、「二一世紀のコミュニケーションは、『伝わらない』

## 対話力カリキュラム（山手小学校作成）

| 様式 | 第１学年 | 第２学年 | 第３学年 |
|---|---|---|---|
| 説明 | ・形，色，音，においなどの要素を入れて話す。<br>・自分なりに順序を考えながら話す。 | ・話題に沿って順序よく話す。 | ・事柄のまとまりを意識し，伝えたいことの中心を意識して話す。<br>・絵や図，写真などを利用して話す。 |
| 報告 | ・１分間５文で話す。<br>・体験したことの中から，知らせたいことを選んで話す。 | ・事がらの順序に気をつけて話す。<br>・「はじめに」「次に」「それから」を使って話す。 | ・はじめ，中，終わりの構成で話す。<br>・事実と感想を区別して話す。<br>・場に応じた声の大きさや速さで話す |
| 紹介 | ・絵や気に入った場面を示しながら，本のおもしろかったところを紹介する。 | ・写真や絵を示しながら聞く人を見て話す。<br>・自分が考えた理由を話す。 | ・４段階のおすすめ度に分けて紹介する。<br>・自分がいいと思った点を中心に話す。<br>・内容や様子を短くまとめて紹介する。 |
| 感想 | ・おもしろかったところを話す。 | ・良いところや違うところを見つけたりして話す。 | ・似たことを連想して話す。 |
| 意見 | ・理由を含め，自分の考えを話す。 | ・自分の考えた理由を話す。<br>・友達の意見に付け加えたり，質問したりする。 | ・積極的に自分の意見や感想を話す。<br>・自分の考えが分かるように筋道を立てて話す。<br>・相違点や共通点をはっきりさせて意見を言う。 |
| 質疑応答 | ・相槌を打って聞く。<br>・一問一答でやりとりする。<br>・相手の顔を見て話す。 | ・うなづきながら大切な言葉を落とさないように注意して聞く。<br>・分かりにくい言葉の意味を訊ねる。<br>・話題に沿って話す。 | ・大切だと思うことは，メモを取りながら聞く。<br>・内容で分からなかったところは質問する。<br>・自分の経験と比べて聞く。<br>・場に応じて声の大きさや速さに気をつけて話す。 |
| インタビュー | ・相手の顔を見て尋ねる。<br>・丁寧な言葉遣いで話す。 | ・丁寧な言葉遣いで質問する。 | ・相槌を打って返事を聞く。<br>・学習のねらいを意識して，質問事項を考える。 |
| 討議 話し合い | | ・自分の考えをもち，分かりやすく話す。<br>・話題に沿って話す。 | |
| 討議 ポスターセッション | | | ・指示棒で注視する所を示しながら話す。<br>・資料としてポスターを準備する。 |
| 討議 パネルディスカッション | | | |

| 様式 | | 第４学年 | 第５学年 | 第６学年 |
|---|---|---|---|---|
| 説明 | | ・全体の変化と部分の変化をとらえて話す。<br>・聞き手を意識して，筋道を立てて話す。 | ・相手の理解に応じて言葉を選んで話す。<br>・数量的な表現を入れて話す。<br>・キーワードを意識して話す。 | → |
| 報告 | | ・事例を挙げて話す。<br>・接続詞を使って話す。<br>・図やグラフなどを使って提示の仕方を工夫して話す。<br>・見学したことを時系列にまとめて話す。 | ・数量的な表現を取り入れて話す。<br>・仮説→実験→結果→考察の順に話す。<br>・事実と意見，感想を区別して話す。<br>・冒頭とまとめを呼応させて話す | ・全体構成を考えて話す。<br>・体験の感動や思いが聞き手に伝わるように話す。 |
| 紹介 | | ・相手や目的に応じて紹介の仕方を工夫する。 | ・推薦語彙を使って話す。 | ・複数の題材から共通のテーマをとらえ，話す。 |
| 感想 | | ・相違点や共通点をはっきりさせて話す。 | ・話し手と違った視点から考えて聞き，感想を話す。 | ・関連して感想を話し，全体で話題を共有する。 |
| 意見 | | ・ランキングを使って話す。<br>・いろいろな意見を整理して，自分の考えを話す。<br>・敬体と常体の違いを区別して話す。 | ・結論から話す。<br>・ナンバーリングを使って話す。<br>・事実と意見，感想を区別して話す。<br>・引用して話す。 | ・根拠を明確にして話す。<br>・結論から話す。<br>・ナンバーリングを使って話す。<br>・事実と意見，感想を区別して話す。 |
| 質疑応答 | | ・相手の話題に関連して聞く。<br>・メモを取りながら聞く。<br>・伝えたい事や要点を落とさず話す。 | ・質問に的確に答える。<br>・自分の理解が正しいか質問して確かめる。<br>・関連事項を質問して理解を深める。 | ・話し合いを深めるために課題に即した質問をし，的確に答える。 |
| インタビュー | | ・相手の返事に対して感想を話してから質問する。 | ・相手の話からさらに聞きたい事を考えて聞く。 | ・会話の流れから新しい視点を得て，掘り下げて聞く。 |
| 討議 | 話し合い | ・友達と自分の意見の共通点，相違点を理解して発言する。 | ・目的をもち，テーマに沿って話し合う。<br>・自由なアイデアやひらめきを受け止め話し合う。<br>・立場を明確にして話し合う。 | ・討議の柱にそって，さまざまな意見を尊重し合い，討議の方向性を見出す。 |
| | ポスターセッション | ・指示棒やフリップ使って話す。<br>・役割を自覚して話す。 | ・目的や相手に応じて内容を吟味し，表現方法（資料の提示，根拠を明らかにする等）を工夫して伝える。<br>・感想や質問を交流して，考えを深め合う。 | ・目的や相手に応じて内容を吟味し，表現方法（資料の提示，根拠を明らかにする等）を工夫して伝える。<br>・要点をつかんで聞く。<br>・感想や質問を交流して，考えを深め合う。 |
| | パネルディスカッション | | ・個人の発言を分類したり，ポイントをまとめたりしながら司会をする。<br>・主題に沿って進行する。<br>・自分の意見をもとうとして聞き，発言する。<br>・適切に敬語を使って話す。 | ・個人の発言を分類したり，ポイントをまとめたりしながら司会をする。<br>・主題に沿って進行する。<br>・自分の意見をもとうとして聞き，発言する。 |

ということからはじまる」と言う。「私とあなたは違うということ。理解し合える部分を少しずつ増やし広げて一つの社会の中で生きていかなければならないということ」、だからこそ、「話し始めよう。」と言う。「差異から来る豊かさの発見の中にのみ、二一世紀の対話が開けていく」、と。[3]「違う」ことを前提にした対話力を育成することが、今の子どもたちに、今の学校において必要である。

「対話力」を育成するために学校全体で作った対話力カリキュラムをあげておく。（芦屋市立山手小学校作成）

## 2　学校全体で「話す力」「聞く力」を育てる

話す力や聞く力を育てるには、学校の全教職員が、国語科や各教科等の時間をはじめ、教育活動全体において意識して育成する必要がある。受身になりがちな子どもたちに、思考力・表現力を、目的を明確にした言語活動を通して育てることを、学校全体でめざすことが大切である。

教師が一同に会して、それぞれの学年で育てたい「話す力」「聞く力」の「付けたい力」を、先進事例を参考にしながら付箋に書く。黒板に貼り付け、発達段階を考えながら動かし、系統を考える。完成した「話す力・聞く力の付けたい力のポイント」をポスターにし、全教室に掲示することで、学校全体で意識を共有して指導が出来る。「今日は、この項目を意識して発表しましょう。」「この項目にあるような聞き方に挑戦してみましょう。」「自分で一つ選んで、今日のスピーチのめあてを決めましょう。」と、機会をとらえて、子どもたちに指導する。日常的に教師や国語係などの子どもたちが、活用することが大切である。各教科等の時間でも活用できる。表を完成させることで安心し、掲示しているだけにならないように気を付けたい。目的があっての掲示物であり、言語環境である。教師全員が、試行錯誤して考え、交流する過程に意味があり、目指す子どもの育成に向かって具体的に共通理解を図りたい。

精道小学校3・4年
話す力・聞く力
話し合う力
をつける10ヶ条
①相手の人数や
その場の様子によって、
声の大きさ・速さ・
間のとり方などを
考えて話そう
②相手に
分かるように
5W1Hを
意識して話そう
③ナンバリングや
三ついどの
まとまりを考えて
話そう
④相手やその場の
様子に合わせて、
ていねいな
言葉づかいで
話そう
⑤話の要点を
おさえ、メモを
とりながら聞こう
⑥自分の経験や
考えと比べながら
聞き、感想をもとう
⑦自分の意見と、
同じ所やちがう所を
考えながら、
話し合おう
⑧話し手の意見
と関係づけ、
進行にそって
話し合おう
⑨みんなの意見を
すり合わせ、
まとめるつもりで
司会をしよう
⑩互いに意見を
述べ、進んで
話し合いに
参加しよう

精道小学校5・6年
話す力・聞く力
話し合う力
をつける10ヶ条
①視線の配り方を考え、
指示棒などを使い、
説得力をもって、
はっきりゆっくり話そう
②根拠を
明らかにして
話そう
③聞き手の反応を
見たり、確認したり
しながら話そう
④目的や場に
合わせた
言葉づかいで、
効果的に話そう
⑤事実と意見、
感想を区別
しながら聞こう
⑥共感したり、
ちがいを考えたり
しながら自分の考えを
広げるように聞こう
⑦根拠や立場を
明らかにして
話し合おう
⑧話し手の意見を
引き出すように
質問しながら
話し合おう
⑨意見をまとめたり、
分類したり、
修正したりしながら、
司会進行をしよう
⑩意見がちがっても、
解決したい、
理解したい、
という気持ちで、
建設的に話し合おう


（芦屋市立精道小学校作成）

## 1 言葉の基礎をつくる一年生（入門期の指導）

一年生の指導は本当に根気のいる、骨の折れる仕事である。一年生を担任する先生方と話をしていると、国語の悩みより「集中させるにはどうしたらよいか」「静かなのだがどうも聞いていないようだ」といった学習全般に関わる悩みや学級経営の悩みを聞くことの方が多いくらいである。一年生の国語教室は、ことばや声に自分を託して楽しむことを提案したい。これから学校生活をスタートする一年生にとって、何といってもことばを学び、声に出すことが楽しい教室でなければならないと思うからである。

**ポイント1　子どもの学びを育てる指導のコツ。**

入学してから半年間は、特に子どもの学びを支える基礎基本としての規律を繰り返し指導することが必要である。子どもの学びを育てる指導のコツは三つある。

① 授業のはじまりと終わりの時間を守る。
② 一度に出す指示は一つにする。
③ 指示や説明は具体的に、子どもに視線を合わせて行う。

教師は、一人一人が何をどう話し、書き、読み、理解したか、常に子ども一人一人を見る目を持つことが必要である。一人一人を見て、力を付け、流されない指導をするのである。「鉛筆を筆箱に片付けましょう」と指示したら、みんなが片付けるのを待つ。指示はしたが、個別の確認をしないで次の活動へ移ると、子どもはだんだんと教師の声に耳を傾けなくなる。一人一人に対応してしっかり力をつけてくれる先生とユーモアのある明るい先生が子どもたちは大好きである。この三か条を常に意識し、子どもの内面を引き出すような指導過程を構想すると、半年後にはそれらが学びの習慣や基盤となり、必ず子どもたちは学び手として自立していく。学習習慣の確立について、志水宏吉は、「最も大切なのは「根っこ」、学力の根っこを確かなものにすることが、最も重要なポイント」であり、「自尊感情」「目的意識」とともに「学習習慣」を挙げている。「よい学習習慣を、毎日反復・繰り返しで、望ましい行動が「自動化」するまで、訓練を積めばよい」当たり前のことを当たり前に行う。「しっかりと教師や仲間の声に耳を傾けること、きっちりと丁寧にノートをとること、宿題は必ずやってくること」、などなど。「妥協するな、教師のハビトゥス（身体に備わった持続的な性向）が子どもたちに伝播し、彼らのハビトゥス形成に決定的な影響を与え」「学習意欲を決定づけるのは、つまるところ教師自身の確かな学習習慣なのである。[4]」

入門期の指導のポイント（文字の指導前）を今井鑑三は、以下のように話している。

## 1　聞く指導

### ■聞き取る力をつける

・話し手の方に直面させる。
・聞こうという気にさせる。
・「いっぺんで聞く」訓練をする。

### ■聞き分ける力をつける

・うなづきながら聞く学習で、聞く姿勢、構えをつくる。
・おはなしが終わるまで聞く。×「知っている、知っている」という子ども
×話の横取りをする子ども

■ 返事を指導する

・名前を呼ばれたら
・問われたら
・話しかけられたら

「はい」「いいえ」をいう返事　×「うん」

・はいわかりました
・はいできました
・はいわたしのです

というしつけ、練習をしっかりする。

## ■ 2　話す指導

■ 話す機会を与える

・できるだけもれおちのないように、全員に話す機会をつくる。
・話しにくい子どもには、教師が一対一で話す場をつくる。
・教師の方から、その子の身近なことを聞いて話させる。
・自由な言葉から、次第に標準的な言葉へ。

■ 話す順番に気が付く。話す順番が分かる。

・話したいときには、挙手あるいはサインを出させる。
・「はい、はい」は慎む。気おくれする子どもへの気配りをする。他の子を無視して自分さえ話せばよいという思いを我慢させる。

■ はっきりと話す訓練

・人の話を終わりまでしっかり聞いてから話す。

・発声、発音指導　小さい声、静かな話し方でも聞こえるような発音指導
・読むように話す訓練
・子どもは、初め方言で自由に話している　↓　共通語に直していく。教師も「です」「ます」で話すことを基本とする。教師の言葉は子どもに大きく影響する。正しい言葉で話すようにする。

■子どもの話
・教師がまず熱心に聞く。うなづきながら聞く。
・本当に言いたいことがあるときは、子どもはうまく話す。子どもが自分から話したくなるようにすること。話したいことを蓄えさせる。

■話すことがない子どもの指導
・経験が乏しいことが多いので、学校の中で豊かな経験をさせ、話をさせる。
・もっと子どもを自然に親しませる。

## 3　読む指導
・決して、読むことを急がせないこと。
・文字のページは、文字を教えるためにあるのではなく、文字に慣れさせるためにある。
文字…言葉とくっつけてとらえさせる。
字を読む前に言葉を読む…言葉と経験を結ぶ。

## 4　書く指導
・鉛筆を正しく持つ。正しい持ち方は、疲れないし、丁寧な文字が書ける。また、脳の発達にもよいという説もある。腕、手首が自由に動く訓練をする。

## 5　正しい姿勢

・立って本を読む姿勢→左手の手のひらに本をのせて右手を添えて持つ。

右手でページのはしを持つ。（すぐめくれるように）

・書く姿勢→深く腰をかけさせる。足は、先をすこしあけてもよい。手はひじを引き締めて、手で机をおさえるような気持ち。首は少し傾け、目で下を見るような感じで。

・座って本を読む姿勢→目と本が三十センチほどの距離になるように、本を机に立てかけ（少し傾くように）両手で本の両端下を持つ。ひじ全体を机に乗せる。

## 6　入門期に必要なことと教師の仕事

### ■子ども一人一人を知ること

・能力、環境など。自分が認められたいのと同じように他人を認める。教師は、子どもの名前を早く覚える。

### ■学級づくり

・個性、能力を認める。そして一人一人が生きるようにする。

### ■集団意識を育てる

・集団生活の決まりを守る。いい集団は、個人を守る。個人を育てる。一人一人のよさがいい集団をつくる、育てる。

「言葉の力ができることは、正しい言葉、美しい言葉、はっきりした言葉、について理解し感得していくことで、乱暴な言葉、不確かな言葉、口先だけの言葉、人を悪くいう言葉、などに対する抵抗感・不快感を養うものである。言語感覚を育て、磨くものということもできよう。きれいな、あたたかい言葉が取り交わされ、育てられるような人間関係をもつ集団が、望ましい集団であり、学級づくりの基盤となるものである。（中略）一日一日に新しい世界が開けていくのが、入門期の子どもの学校に来る喜びとするならば、そのような子どもたちの成長を見るのが、一年生担任の喜びである。[5]」

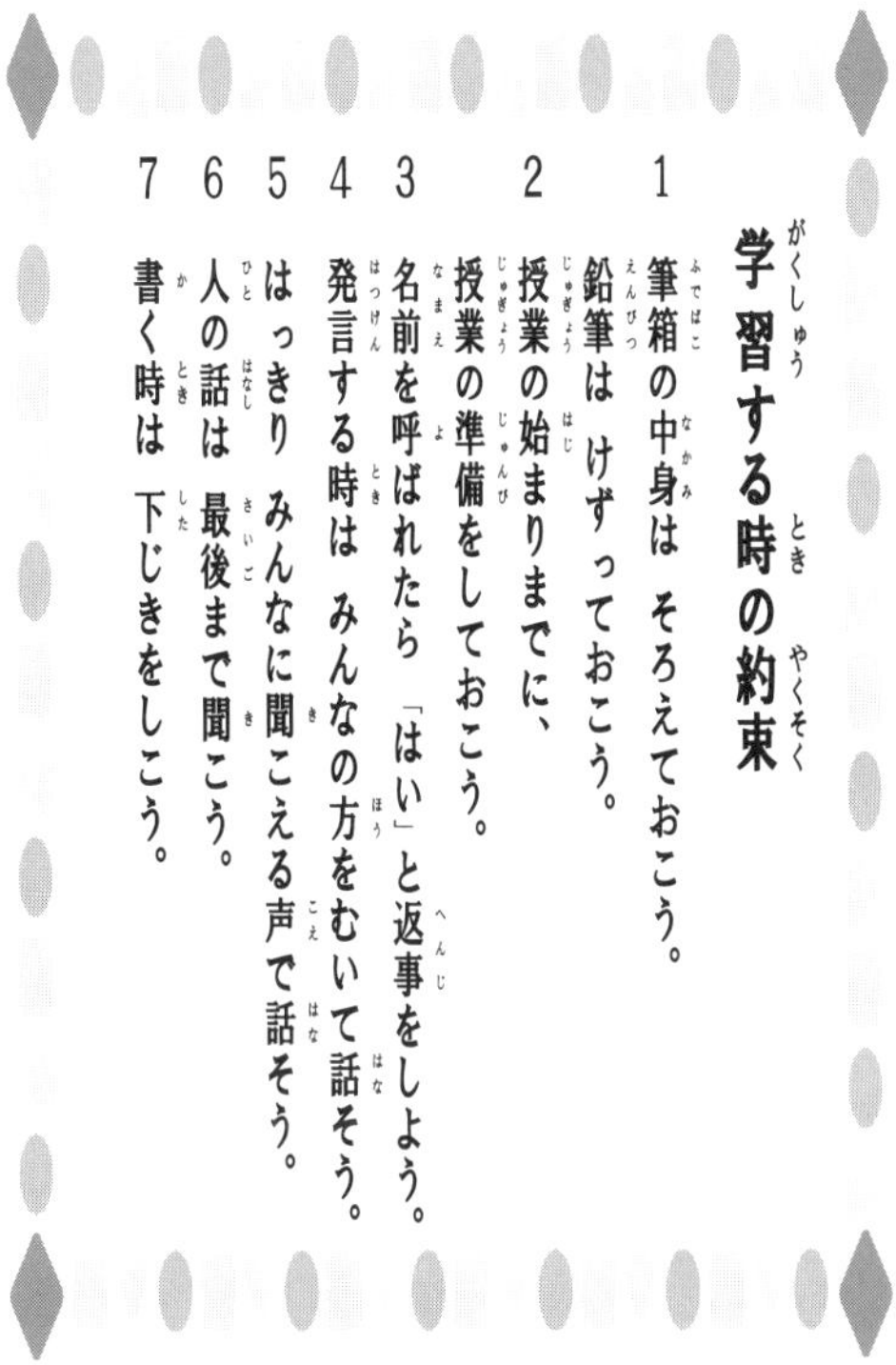

学習する時の約束
1　筆箱の中身は　そろえておこう。
2　鉛筆は　けずっておこう。
3　授業の始まりまでに、授業の準備をしておこう。
4　名前を呼ばれたら　「はい」と返事をしよう。
5　発言する時は　みんなの方をむいて話そう。
6　はっきり　みんなに聞こえる声で話そう。
7　人の話は　最後まで聞こう。
書く時は　下じきをしこう。


精道小学校「学習する時の約束」

## ポイント２　学習に生きる掲示を考える

次に、子どもの学びを育てる一年生の学習環境としての掲示を考えてみたい。黒板の横に貼って、国語においても他教科においても機会をとらえて繰り返し活用したい。

グループ学習の
司会のしかた
① いまから～の話をはじめます。
② 順番は・・・・・・です。
③ わたしたちのはなしあうじかんは～分間です。
④ ～さんどうぞ
⑤ おたずねはありませんか。
⑥ ～さんから～さんへどうぞ

・なぜだろう
・どうしたらいいだろう

・なにがきこえるかな
・どんなおとかな
・どんなあじかな
・かたさはどうだろう
・てざわりはどうだろう
・どんなにおいかな
・あしのうらでふれてみたらどうだろう

**ポイント3　声に出す楽しさを味わわせる。**

心が解放される・思いが伝わる、人とつながる等、声に出すと感じる楽しさは実に多い。挨拶をしたり、言葉を交わしたり、音読をしたり、一人で声を出すのも楽しいが、声を合わせるともっと楽しい。声に出すことは自己解放であり、人間関係をつくることであり、更に自己表現につながる主体的な意義のある行為なのである。

### (1) 絵に自分を重ねて思いを声に出す楽しさ

入学するまでは、声でコミュニケーションをとっていた子どもたちが、入学したとたん文字を読むことに移行してしまう。入門期には、すでにもっているこの話し言葉を生かしたい。入門期の教科書教材は、友だちや動物などが登場し自分と重ねて話すことが出来るように絵を中心に構成されている。絵を見て、自分の体験と重ねたり、思ったり想像したりしたことを声にだし、友だちや先生に話す楽しさ、聞いてもらう楽しさを十分に味わわせることが大事である。

### (2) テキストに思いをのせて音読する楽しさ

やがて子どもたちは、目で文字を追い、目の世界つまり文字の世界に入る。テキストに即して声を出す楽しみを見出し、文字の世界に誘われる。テキストがあるので、声を出しにくい子どもにとって殻を破るきっかけになり得る。また、声に出すことで文字の世界の理解を確認できるということもある。

### (3) 友だちと一緒に声を出し創造する楽しさ

一年生後半には、一人一人がそれぞれの役割を演じて新しい作品世界を創造する、声を出す楽しさがある。単に声を出すということから自己表現に昇華していく楽しさといってもよい。授業においては、何のために読むのか、聞き手はだれなのか、どんな発表の場にするのか、どんな言語活動を行うのか目的を明確にした単元構想が必要である。また、深く息を吸う・全部吐き切る・発音・発声・口形といった技術的な側面を特設単元で指導したい。継続していくと、必ず力が付く。

## ポイント4　言葉で遊ぶ。

言葉遊びを通して子どもたちは、一語というレベルの他に文や文章というレベルがあることを知る。語を繰り返すことで他の語とかかわり、言葉の中の一語のおもしろさを実感し、それが文脈の中でどう働いているかが分かるのである。

入門期の教科書は、語呂合わせの要素の入った短い三単語から五単語の文や七五調のリズミカルな文章が掲載されている。これらを音読したり暗唱したりしながら言葉のリズムを楽しみたい。言葉遊びの絵本も多く出版されているので、並行して読み聞かせる。そして、自分の中にある既知の言葉や家族や書物・テレビなどで集めた言葉を使って、テキストを模倣して楽しむこともできる。五十音表に、作った言葉遊びを貼り付け、毎朝係りが指示棒で示して、みんなが声に出してみる。表は子どもたちがつくるたびに変化するので、五十音が書いてあるだけの表よりずっと創造的でおもしろいではないか。グループごとに言葉遊びのテキストやアイデアが違うと（なぞなぞ・俳句遊び・アクロスティック・駄洒落・しりとり、など）さらにおもしろいし、交流して楽しむこともできる。

### ポイント5　劇遊びを楽しむ。

声に出して思いを語ったり、音読したりする力が付いてきたら、友達と協力して一つの作品世界を創造する楽しみを味わわせたい。

役割分担をして読む。↓地の文と会話文を読み分ける。↓数人で声を合わせて読む。↓場面や状況に応じて、ばらばらに・輪唱するように読む。↓挿絵から想像出来る登場人物のせりふを入れて劇遊びを行う、などの過程をたどるとよいだろう。入門期ではまだ十分に書く力がついていないので、教師が子どもの発言を文章にしてシナリオをつくる。お面や紙人形などをつかった劇遊びや、簡単な舞台を設定し、せりふを暗記して動作をいれ、視線・間などの指導を行うことも可能である。教材の特質や子どもの実態を考慮にいれて段階を踏みながら指導していくことが大事である。聞き手の存在が子どもたちに達成感を与え、意欲をかきたて声を出すことに自信を付ける。

## ポイント6　自己学習力を育てる一年生のワークシート例

| くちばしのとくちょう・かたち | とい | こたえ | しごと | たべもの |
| --- | --- | --- | --- | --- |
| 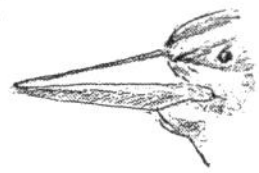 さきがするどくとがったくちばしです。 | これは、なんのくちばしでしょう。 | これは、きつつきのくちばしです。 | きつつきは、とがったくちばしで、きにあなをあけます。 | そして、きのなかにいるむしをたべます。 |
|  ふとくて、さきがまがったくちばしです。 | これは、なんのくちばしでしょう。 | これは、おうむのくちばしです。 | おうむは、まがったくちばしのさきで、かたいたねのからをわります。 | そして、なかのみをたべます。 |
| | | | | |
| | | | | |

## 2 シナリオを書いて　朗読劇をしよう　——三年生「エルマーのぼうけん」——

単元名　物語の楽しさを朗読劇で伝えよう　——集団として声に出して楽しむ——

【対象・時期】　小学校三年・七月
【教材】
①　旧教科書教材「エルマー、とらに会う」（光村図書出版三年上　ルース＝スタイリス＝ガネット作・ルース＝クリスマン＝ガネット絵　渡辺茂男訳）
②　「エルマーのぼうけん」（福音館書店　一九六三年）

### (1)　朗読劇「エルマーのぼうけん」

朗読劇とは、①語り手（ナレーター）が存在する。劇的というより語りの視点がある、②写実的な装置や衣装を避ける、③説明的な部分を極力省き、文学の要点のみ、表現を集中する、という特徴をもつ。[6]小道具や背景などをほとんど使用しないため、劇の内容や練習に時間を集中することができるよさがある。プロット運びに必要な要素は残し、主題や作者の手法もそのままにしていくが、一定の約束のもとで文章を削ったり、代わりの文章を入れたりしてもよい。ただし、原作の感動や心を失わないようにする。そうしたことから、三年生という発達段階を考慮しながら、原作を読んでシナリオにリライトし、演じるのに適している。

朗読劇「エルマーのぼうけん」は、平成九年、兵庫県小学校教育研究会国語部会（兵庫県国語教育連盟）夏季国語教育研修会四十回記念大会における「児童表現」発表の要請を受け、神戸文化ホールで演じたものである。テーマは「自己表現力を高める」。当時芦屋市立岩園小学校で三年一組を担任していた私は、「声やを読み、友達と協力して表現する子どもたちは、生き生きとしていた。

姿に、教師として目指す方向が間違ってはいないことを教えられたといってもよい。目標をもって本や文章

中という制限もあったが、原作を読んでシナリオをグループで作成し、体育館で練習を続ける子どもたちの

言葉が響く教室」を目標に、詩の群読や文章の創作など自己表現力を育てる授業を模索していた。夏季休業

### (2) 原作をシナリオにリライトする

① 教科書には、「エルマーとらにあう」が取り上げられているが、一冊の本には、プロローグがあり、エルマーはとら以外にも、さい・ライオン・ゴリラ・わに、などいろいろな動物に出会う。原作全体を読むことで、エルマーが冒険に出る理由がわかり、機転をきかせて難問を突破するおもしろさに気付く。気が付けばエルマーと一緒に冒険しているのだ。

② 原作を読むこと、読んで面白いという気持ちをリライトに反映する。文章を手がかりに想像力を生かして、自分の言葉に書き換える。すると自分のものとなり、新しい作品世界が生まれる。

③ シナリオに書くきには、①エルマーの心情描写や行動の一部を台詞に、自然描写をナレーションに書き換えるのがポイントだ。しかし、どうしても原文に忠実に書き換えよう、心情を想像して書き足そう、という気持ちが勝ってしまいがちだ。三十分という決められた時間もあり、削除することに力を入れた。①削除の前によく読む、②伝えたいこと、そのままにしておくべき箇所を見つける、③そのままにしておきたいプロットは入れる、④登場人物は残す、（全員が活躍出来るようにするため）⑤物語を粗筋化しない、要点を押さえた語りにする、⑥変化に富んだ場面は大事、動作で示せるところは削る、などの方法を示した。(7) 大人数で演じるよさを生かすため、動物のキャラクターが際立つように、朗読する人数を増やしたり、声をずらしたりする工夫も取り入れた。

# シナリオ用ワークシート

（　　　　　　　　）

| |
|---|
| のシナリオ作りをしましょう。 |

| | | | |
|---|---|---|---|
| 題名「　　　　」 | | 作者名「　　　　」 | |
| シナリオライター　□班 | | | |
| | | | |
| | | | |

（キャスト）

| | | 音読する人 |
|---|---|---|
| | | |
| | | |
| | | |

| | キャスト | 音読する人 |
|---|---|---|
| | | |
| | ナレーター | |
| | | |

（シナリオ）

| キャスト | 音読する人 | せりふ・（ナレーション・会話）とト書き | こうか音・音楽 |
|---|---|---|---|
| | | | |
| | | | |
| | | | |
| | | | |
| | | | |
| | | | |
| | | | |
| | | | |
| | | | |
| | | | |
| | | | |

本来は、一人でまずリライトすることが必要だが、時間的な制限もある。五人のグループを作り「司会・進行」「記録」の役割を順に行い、グループで話し合いながらシナリオを完成させていった。どの子どもも進行役を体験することで、より主体的になれるからだ。そろったシナリオを一つに合わせ、教師が最終的にまとめている。効果音やBGMも用意した。文化ホールの舞台担当の方にアドバイスをもらい、〈シーン・登場人物・演じる人の氏名〉〈台詞・ト書き〉〈舞台の立ち位置〉〈照明〉〈音・音楽・マイク〉の観点に沿って整理している。

④ 練習する

一番難しかったのが、視線と立ち位置である。視線の配り方には①オンステージフォーカス（語り手がお互いに存在を認め合い、相手の方を向いて話しかけたり、時には目でコンタクトをとったりするもの）②オフステージフォーカス（目の高さは、観客より少し上、客席の後ろではなく、観客席中央を見る。そこに相手の登場人物がいると仮定する）(8)の二つがある。主人公のエルマーを子ども三人が同時に立ち、演じ分けるので、①の手法は、よく使っている。視線を観客席に持っていくため、体育館での練習時、棒の先につけた赤い丸を見て、会場全体を意識して視線を配る練習を行っている。立ち位置には、カラーのビニールテープを貼って練習した。

⑤ 朗読劇を演じ終えて

この劇発表で実感したことは、書き換えているうちに自分の言葉となったものがシナリオに表現されるということだ。リライトは自己表現と結び付く。さらに、協力して声に出して演じることで、自己表現は高まり、新しい作品世界を創造することになる。主体は子どもである。作品が子どもたちに近づいているような気すらする。二千人の前で演じたということもあって、この体験は子どもたちに大きな影響を与えている。九月には「三年とうげ」を朗読劇にし、幼稚園児に披露したり、声が小さかった子どもが、一行

# 音読劇（おんどくげき）・朗読劇（ろうどくげき）　読み方のくふう
## ―八つのポイント―

①読む人ずうをかえて読む。

②だんだんと読む人ずうをふやす。

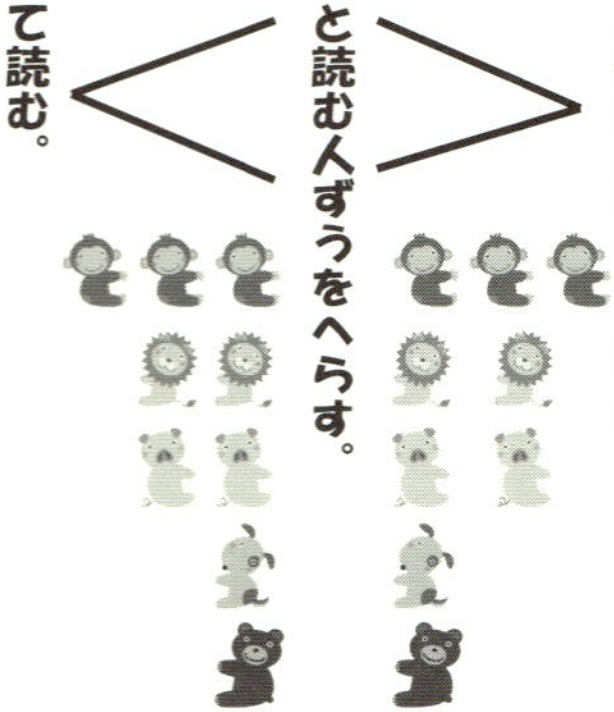

③だんだんと読む人ずうをへらす。

④おいかけて読む。

シャンシャンシャンシャンすずがなる。
シャンシャンシャンシャンすずがなる
シャンシャンシャンシャンすずがなる

⑤声をあわさずにばらばらに読む。

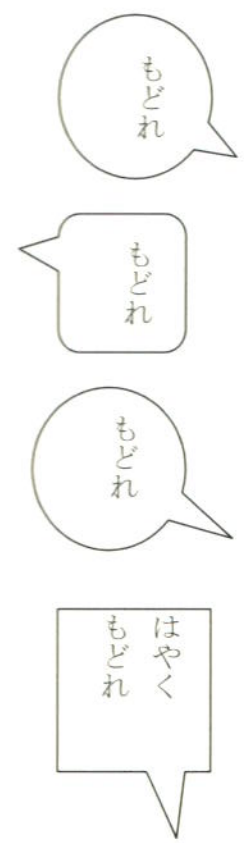


⑥うしろにながす音とかさねて読む。

おかしい。たしかにおかしい
どうも気にくわん・・・
シャッ　シャッ　シャッ
シャッ　シャッ　シャッ

⑦せりふのさいごをくりかえして読む。

おいしそうなうでをしているな。ここのおちゃに食べてしまうぞ
食べてしまうぞ
食べてしまうぞ

⑧全いんで声をそろえて読む。

「白馬，ぼくの白馬，しなないでおくれ」

に力をこめて音読できるようになったりして、次のステップにつながった。成人してから次のようなメッセージが届いている。教師としてこんなに嬉しいことはない。

お久しぶりです。お元気でしょうか。今年で定年退職されるということで月日の流れる速さに驚いています。ただ、先生から教えていただいた文学のおもしろさ、素敵な詩集、朗読の楽しさは、今でも昨日のことのように思い出せます。エルマーの冒険で、猫役の私が、「私はもう、年寄り猫ですが……」と話し出すときのあの緊張感……先生が与えてくださった思い出は、私にとって人生の大きな糧であり、宝物です。

## 3 自分について考え　語ろう　——三年生「モチモチの木」他——

**単元　「子どもである九歳の自分を語ろう」——語りの構造を学び自分を語る——**

【対象・時期・指導時間】小学校三年・二月・一八時間

【教材】

① 教科書教材「モチモチの木」（光村図書出版三年下　斎藤隆介作・滝平二郎絵）
② 斎藤隆介全集1　2　3　4（岩崎書店　一九八二年）
③ 「世界の子どもたち」（バーナバス・キンダスリー、アナベル・キンダスリー編　ほるぷ出版　一九九五年）
④ 旧教科書教材「力太郎」（光村図書出版二年下　今江祥智文・田島征三絵）
⑤ 絵本「花さき山」（斎藤隆介作・滝平二郎絵　岩崎書店　一九六三年）
⑥ 「えほん　子どものための五〇〇冊」（一声社　一九八九年）
⑦ 「よい絵本」（全国学校図書館協議会　一九九三年）

「声や言葉が響く国語教室づくり」を目指し、読み方を工夫して詩の群読を行う、シナリオにリライトして朗読劇を演じる、など声に出して表現する授業を行ってきた。その中で友達と協力し、達成することの喜びを実感してきた子どもたちであるが、一方で一人一人の個性ある子どもとしての自分を、声に出して表現させたい、もっと個性化を図りたい、と私は考えていた。集団の中で生きる個もあり、個が集団をつくることもある。その個である自分を自覚し、だれにも頼らず一人で語るという自己表現力を育成したいと考えたからである。

斎藤隆介の作品には、様々な子どもが登場する。「遊びに夢中になる子ども」「苦手なことをもつ子ども」「けなげな子ども」そうした子どもに自分を重ねて読むだろう。作者の描く様々な子ども像に出合わせ、子どもたちが過去の自分、今の自分、そしてこれからの自分について考える契機としたい。寺井正憲は、自身の語りの体験からも「語っている途中や語り終わった後に、語り手と聞き手との間に温かい空気や空間が生まれてくることが実感される。語りによって語り手も聞き手も幸福感を味わい、語り手と聞き手、そして聞き手同士が打ち解けあう」と述べている(9)。そうした幸福感は、人間関係形成に資するものではないかと思われる。

## 1 単元の指導目標

(1) 語り手の表現の豊かさに気付き、語りを子どもの立場から考えたり、書き換えたりすることができる。
(2) 代表的な作品の内容を、二百字のあらすじにまとめることができる。
(3) 音読記号や効果音を使用したり、作品を暗唱したりして、語りを生かした音読をすることができる。
(4) インタビューした内容を、過去の自分、今の自分、未来の自分の活躍、という視点からまとめ、保護者に対してステージで語ることができる。
(5) 友達の語りを聞き、自己評価と他者評価を行うことができる。

## 2 単元の授業過程

学習指導計画（全一八時間）

| 次 | 時 | 目標 | 学習活動 | 指導上の留意点 |
|---|---|---|---|---|
| 一次 | 1〜4 | 1 「子ども」について考えるために、自分を語ったり、世界の子どもの語りを聞いたりする。<br>2 教材を通読し、第一次感想文をてがかりに、自分の感想文と、子どもが関係していることに気づき、学習課題を設定することが出来る。 | ① 自分の写真に合わせた、自分を語る文を二百字に書く。世界の子どもたちと比べたり、感想を言い合ったりした後、子どもについて考える視点を話し合う。〔ワーク1〕<br>② 「世界の子どもたち」（はるぷ出版）に登場する子どもの　表情と、その子どもの語りを照らしあわせる。〔ワーク2〕<br>③ 音楽と合わせた中核教材の範読を聞く。漢字練習後、役割読みをする。<br>④ 第一次感想文を書く。〔原稿用紙四百字〕<br>⑤ 交流資料を手掛かりに、自分の感想文が作品とどのように関連しているか考える。〔ワーク3〕<br>⑥ 「子どもである自分を見つめなおそう」という学習課題を設定し〔計画表〕を協議する。 | ・各国の気候・風土・文化など、前もって調べておかせる。<br>・世界の子どもの語りから子どもを語る視点を分類しておく。<br>・音楽と合わせた読み、語りに視点をおいた読みを心がける。 |
| 二次 | 5〜13 | 3 教材の語りの構造の特徴を発見し、人物像に着目して整理することが出来る。<br>4 子どもに焦点をあてて、作品を書き換え、グループで工夫して音読することが出来る。<br>5 いろいろな子どもが語られている作品を読み、その子ども像を報告する。 | ⑦ 子どもが登場する斎藤隆介の作品を個人で読みはじめる。<br>⑧ 既習教材「お手紙」と対照し、作品が語り手とじさまの立場から語られていることを見つけ、話し合ってまとめる。〔ワーク4〕<br>⑨ 人物像に着目して、あらすじを四百字にまとめる。〔ワーク5〕<br>⑩ 子どもの立場からの語りを実感するためにグループで分担して、本文を豆太の語りに、リライトする。〔ワーク6〕<br>⑪ リライトした「モチモチの木」を、グループで分担して音読し、一人称の語りを実感する。（本時）〔発表原稿・メモ〕<br>⑫ 各グループで一つ作品を選び、子どもの立場から作品を紹介する。〔原稿用紙〕 | ・前もって作品を読んでおかせる。<br>・祖父母からの手紙を読みその思いを生かすようにさせる。<br>・あらすじの書き方をモデル学習させる。<br>・じさまと豆太の人物像を明確にさせる。<br>・グループで役割分担させる。<br>・多様な子どものあり様に気づかせる。 |
| 三次 | 14〜18 | 6 祖父母に聞いた五才の自分と未来の自分へのメッセージをふまえて、自分を語ることが出来る。 | ⑬ 五才のころの印象的な出来事と、三年生の今の子どもに託したい未来を書いた祖父母の手紙をふまえて、子どもである自分の立場から、過去・現在・未来の自分を語る。〔四百字〕〔発表原稿・メモ〕<br>⑭ 練習後、各自が友達や親の前で発表し、感想を述べ合いながら、簡単な評価をする。〔評価カード〕 | ・エピソードと未来の自分を中心に構成させる。<br>・BGMや強調点、転調を意識した語り方を工夫させる。 |

## 3　授業の実際、ワークシートと考察

### (1)「子ども」について考える

第一次は、「語りの構造」について考えるための導入を図り意欲を喚起することと、子どもである自分について視点をあてるという二点が課題となる。

① 今の自分について語るための導入として、中央に各自の顔写真をはったワークシートを配布し、十五文字程度で自分について書かせた。② 自分を知らない人に、話しかけるような表現のしかたで、観点別に書いた自分の特徴を二百字にまとめ交流させた。子どもが観点としてあげた特徴は、好きなもの・嫌いなもの・家族・友達・飼っているペット・生活・得意・不得意・趣味・習慣・性格、などであった。第三者になって、自分を客観的に見るという導入を図った。

②「世界のこどもたち」の中から特徴的な六人の子どもの語りとその子どもの写真とをマッチングすることで、子どもたちの自分自身を語る観

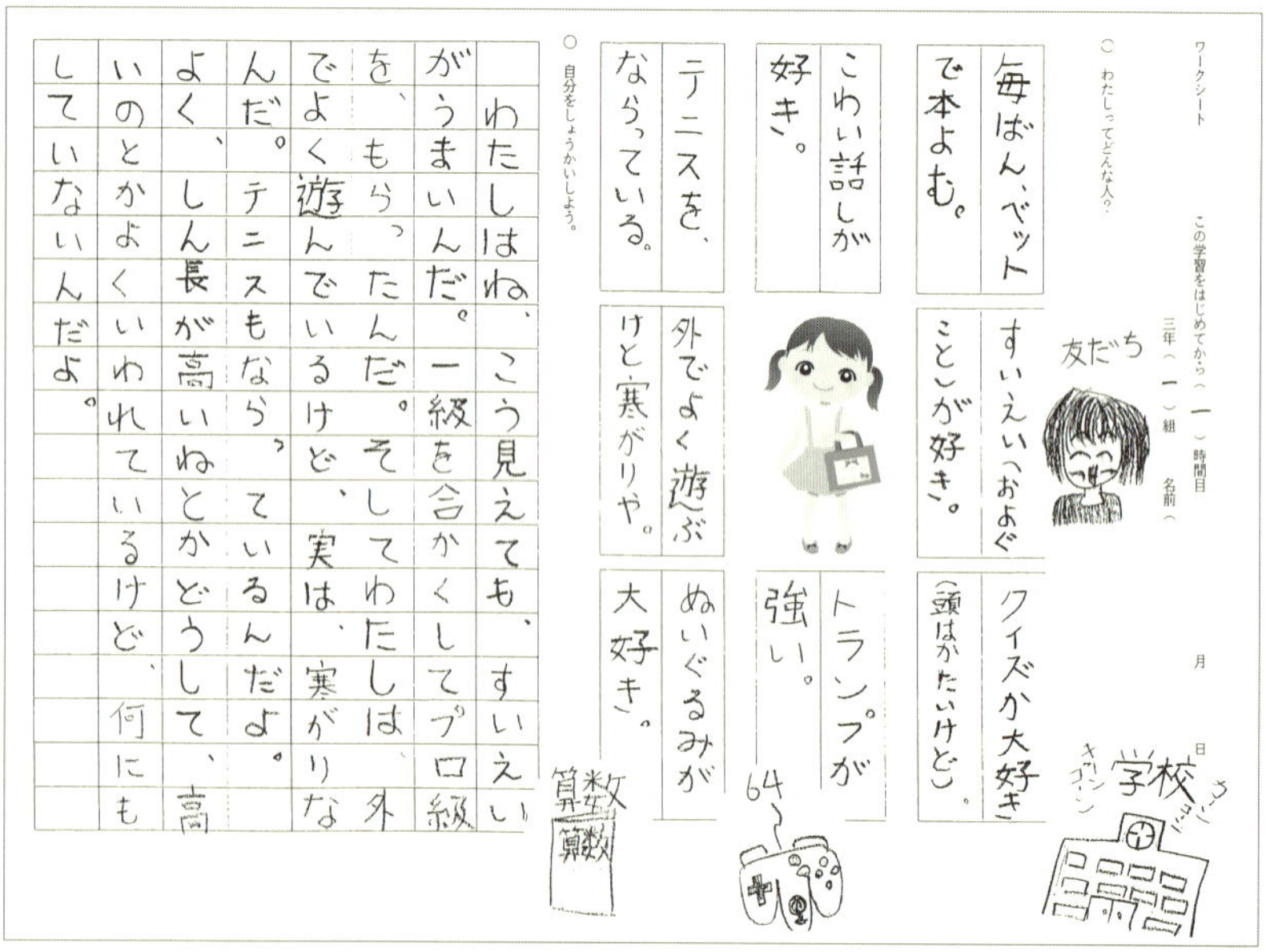
ワークシート　この学習をはじめてから（一）時間目　月　日

三年（一）組　名前（

○ わたしってどんな人？

毎ばん、ペットで本よむ。

こわい話しが好き。

テニスをならっている。

すいえい（およぐこと）が好き。

外でよく遊ぶけど寒がりや。

クイズが大好き（頭はかたいけど）。

トランプが強い。

ぬいぐるみが大好き。



○ 自分をしょうかいしよう。

わたしはね、こう見えても、すいえいがうまいんだ。一級を合かくしてプロ級を、もらったんだ。そしてわたしは、外でよく遊んでいるけど、実は、寒がりなんだ。テニスもならっているんだよ。よく、しん長が高いねとかどうして、高いのとかよくいわれているけど、何にもしていないんだよ。

点について、理解したり考えたりするきっかけとした。世界の子どもたちは、将来なりたい職業についてはっきりと述べている」「たいへんなことがあってもしっかり考えている」ことに驚いた子どももいた。このことから、自分についてもっと考えたいと意欲をもち、「未来の自分を語る」ことも含めた「九歳の子どもである自分を語ろう」という学習課題への導入を図った。

### (2)「子どもである豆太」と「語りの構造」を考える

第二次は、自分の語りに生かすため、子どもである豆太に着目しながら中核教材を読み、語りの構造を考える学習活動を行った。

① 既習教材「お手紙」を対照し、作品が三人称の語り手とじさまの立場からの語りで書かれていることを自己学習した。三人称の語りは、物語に迫力を出し、豆太への親近感を感じさせることに気付いている。このとき、祖父の孫を思う気持ちを、自分の語りに反映させるため、事前に祖父母から子どもにむけて手紙を書いてもらうよう依頼している。その際必ず九歳だったころのことを含めて書いてほしいことを伝えた。自分の子ども時代は戦争中であったこと、そんな中でも子ども時代の楽しみがあったこと、孫が生まれたことの喜び、どのような人間に育ってほしいと思っているか、などが書かれており、その思いを受け止めた語りにしたい。子どもたちが語る意欲につながるように、手紙を読ませるタイミングを三次の原稿を書く前と考えた。

② 斎藤隆介作品の中から「子ども」をテーマにした作品の並行読書を行った。取り上げた作品は、「カッパの笛」「なんむ一病息災」「ソメコとオニ」「死神どんぶら」「猫山」「ドンドコ山の子ガミナリ」「ひいふう山の風の神」「かみなりむすめ」「ずいてん」である。多様な子どもを知ることで、子どもである「自分」が更に際立つことになる。「モチモチの木」の冒頭部を普通の書き方に書き換えたり、グループで分担し

た場面を、豆太の視点つまり、一人称視点に書き換えたりして、語りの特徴や、子どもである自分の視点で語るということを実感させることが目的である。音声化につなぐため、場面ごとにグループで分担して、中核教材を三人称視点の本文のまま分担し暗唱して音読した。笙と笛を使用したBGMを流し、臨場感を出した。暗唱の苦手な子どもは、最初の一行を担当し、両手に力を入れぐっと握りしめて、「まったく豆太ほどおくびょうなやつはいない」と出だしの声の出し方を集中して工夫していた。指示をしたわけではないが、身振り手振りを入れて語り始めるグループも出てきた。教室の前面に台を置き、その上に立ち、音読した。暗唱しているので、単なる音読を越えて、主人公の人物像が伝わってくるような語りの構造を生かしたものになっている。語りの発表会の司会者のための手元資料である進行シナリオを示す。

### 「モチモチの木を語ろう」発表会　発表会進行表

○子どもである豆太になって　語ろう。

司会・進行表

司会（　　　）タイムキーパー（　　　）
司会（　　　）テープレコーダー（　　　）

| 話す人 | 話す言葉 | 見せる物 |
|---|---|---|
| 司会1 | 立ってください。今から、国語の学習を始めます。今日は、いよいよ、「モチモチの木を語ろう」の発表会です。みなさん、練習の成果がでるように、おちついてがんばりましょう。始めに先生から、お話があります。 | |
| 先生 | 「モチモチの木」の学習ノートを出しましょう。写真をはったワークに自己紹介をしましたね。みんなで、想像して楽しかったですね。友だちのことなのに　知らないこともありました。世界の子どもの紹介も読んで、こうもくにまとめました（掲示物を指示）。おじいちゃん、おばあちゃんからの手紙も読んで、「自分を語る」ために、「モチモチの木」に登場する、子どもである豆太の学習にはいりました。（中略）まごをみつめる、やさしさの出ている　よい手紙をみんないただきましたね。今日は、「モチモチの木を語ろう」発表会です。司会、タイムキーパー係の人よろしくおねがいします。 | ・学習ノートの確認<br>・「世界の子ども」の掲示を指示棒で示す |
| 司会2 | 学習計画表を見てください。きょうは、「モチモチの木」を　グループで語ってもらいます。友だちの語りで、いいなあと思ったことを　自分の語りにいかすようにしてください。もう一度、自分の語るところを確かめてください。 | ・学習計画表を示す |
| 司会1 | 発表の前に先生から、おはなしがあります。 | |
| 先生 | 学習のめあて（板書）　グループで、子どもである豆太の立場から「モチモチの木」を語ろう。<br>話し手のポイント　①子どもである豆太の思いがでるように語ろう。②その語りを自分を語るときに、いかそう。③おじいさん、おばあさんの思いを語りにいかそう。<br>聞き手のポイント　①子どもである豆太の語り方ができているか。②リライトしたシナリオにくふうがあったか。③視線や声の大きさなどは、よかったか。<br>四班の発表のときは、二班が感想や、気がついたことや、アドバイスをする、二班が発表したときは、三班がいうというようにして、そして、そのあと、手をあげて、自由に意見を言ってもらいます。では、司会者。 | ・めあてを書いた短冊を黒板に貼る<br>・話し手のポイント表を貼る<br>・聞き手のポイント表を貼る |

### (3) 九歳の自分を語る

第三次は、「過去の自分」「今の自分」「未来の自分」をインタビューして思い出したり、考えたりして、保護者の前で語る学習活動になる。

豆太と同じくらいの頃のエピソードの代表的なものを二つ、それにつながる今の自分を聞き取ったことをもとに記述し、練習して暗唱し、発表会を行った。エピソードを聞き取るときには、他にもいろいろと話してくれ、よく見てくれているなあと愛情を感じたこと、祖父母からの手紙を読んで、祖父母の九歳のころと比べて世の中の平和を改めて感じたこと、かけがえのない命をもった自分であること、などを実感している。発表会では、司会にも挑戦させた。この語りを家で実際に祖父母に語った子どももいたようだ。

## 第二節 書く力を育てる国語教室と授業

書く力を国語科の研究テーマに挙げる学校は多い。書くことによって自分の考えを整理できる、自分の考えを深めることができる、自分の考えを見直すことができる、文や文章を読解することができる。つまり、書くことによって、自己表現力、読解力、思考力、判断力、などを育成することができるのである。「書きつつ読み」「読みつつ書く」また、書いたものを音声表現することも、その逆もありうるので、書く力は、読む力、話す力、聞く力と切り離すことはできない。

一人一人の子どもの考えを大切にしようとする教師は、子どもの書いた文章の中から、その子どもらしい読みや感じ方を受け止め授業に位置付けようと努力する。ワークシートやノートを抱えて家に持ち帰る教師、赤ペンを入れて励ます教師を多く見てきた。しかしながら、自分の反省として、「深く読んでいる」と思った文章は、教師である自分に近い考えであったり、こう考えて欲しいという文章であったりしたことがある。「もっと書けるはず」「書くことで自分の読みが深くなるのだから。」と長い文章を書くことが、がんばっていることだと判断しがちでもある。

子どもたちにどのような「書く力」を付ければよいのか、書くことは、各教科等や時間においても必要な力である。また、大人になっても必要な能力であるので、実生活に生きてはたらく力でなくてはならない。「感想を書きなさい。」「調べてまとめなさい。」「分かりやすく書きなさい。」といっても、一体どうすれば書けるのか、調べたことをどのように書けばよいのか、分かりやすく書くとはどういうことなのか、具体的な方法や手順をあまり教えてこなかったのではないだろうか。それには、文章を書く目的、書く文章の様式、文章を書くプロセスに応じることが必要である。井上一郎は、「言語表現の様式一覧」として以下のようにまとめている。[10]

| | |
|---|---|
| ①想像や創造を重視する。 | →【詩や物語、小説などの文学や劇】など |
| ②対象を相手にわかりやすく伝える。 | →【説明、解説】など |
| ③情報を伝える。 | →【手紙、連絡、通知、記録、報告、研究、報道】など |
| ④自分の考えをまとめて伝え、相手に考えや行動の変化を促す。 | →【感想、意見、提案、助言、説得、評論、論説】など |
| ⑤日常の体験や記録を基に自己の考えを展開する。 | →【日記、随筆】など |
| ⑥対象を相手に詳しく伝えたり、良さを伝えたりする。 | →【紹介、推薦、案内、宣伝、広告】など |
| ⑦形式化された書き方にあわせて情報を伝える。 | →【申込書などの書式、図、表】など |

これらの様式の特徴を踏まえ、目的意識や意図を明確にし、構成と記述の両面から指導することが必要である。

## 1　学習指導要領における「書くこと」の領域

「書くこと」の領域の目標は、以下のように段階的に指導していくように示されている。

○第一学年及び第二学年

・経験したことや想像したことなどについて、順序を整理し、簡単な構成を考えて文や文章を書く能力を付けさせるとともに、

・進んで書こうとする態度を育てる。

○第三学年及び第四学年

・相手や目的に応じ、調べたことが伝わるように、段落相互の関係などに注意して文章を書く能力を身に付けさせるとともに、

・工夫しながら書こうとする態度を育てる。

○第五学年及び第六学年

・目的や意図に応じ、考えたことなどを文章全体の構成の効果を考えて文章に書く能力を身に付けさせるとともに、

・適切に書こうとする態度を育てる。

次に、二年生、三年生の「書く力」を代表して、取り上げる。

**ポイント1　書くことを日常化する**

二年生になると、書くことの様式が多様になる。それらの様式の中で特に一・二年のまとまりを考えて、二年生で総まとめとして、重点化し力を付けたい様式を三点挙げる。学校生活や生活科とも関連させ、①順序が分かるように、②語や文の続き方に注意して、八百字程度の文章を書くことを目標とし、年間計画をたて計画的に行

いたい。同時に表記の基礎や原稿用紙の使い方をしっかりと指導するのもこの学年である。

### (1) 体験報告文

教科書の中で一番多く取り上げられているのは、体験報告文である。教科書には、ふだんのできごとを書こう・できごとをふりかえって・学校のできごと・わたしの見学ノート・よく思い出して・このごろのできごとやしたことの中から、などの教材がある。楽しく書かせるためには、目的を持たせた取材の工夫と確かな構成や記述の方法を指導することが必要である。指導の際のポイントを挙げる。

① [おはつカード] [こころカード] の活用

初めて(おはつ)見つけたこと(もの)、心に響いたこと、知らせたい出来事などを日頃から書き留めるようにすると、書くことに必要な感性を育てることになり、題材選びのヒントにもなる。

② [様子や行動] [会話] [思ったこと・気付いたこと] の区別

モデルとなる文章から心情語彙を

| 2年生教科書の観察語彙 | |
|---|---|
|  | こい・うすい<br>～色です<br>さいています<br>広がっていきました<br>～がついています<br>～くらいの大きさです<br>～がありました(～があります)<br>～しています<br>～と同じです<br>～とちがいます<br>ぜんぶで～<br>～の先に<br>～のところもあります<br>くらべてみると<br>よく見ると<br>見ました<br>みつけました |
|  | いいにおいです<br>～と同じにおいがする |
|  | すっぱい<br>あまい |
|  | しゃりしゃり |
|  | ざらざらしている<br>つるつるしている<br>でこぼこしている<br>かたい<br>やわらかい<br>とんがっている |

| 観察語彙 | |
|---|---|
| とまります | 見えました |
| なめています | 見えません |
| すっています | 見つかります |
| うつります | みうけられます |
| やってきました | 見られます |
| しぼみました | ～と同じです |
| あらわれました | まるで～のようです |
| 広がります | 形が～のようです |
| 広がっています | ～の形をしています |
| まきついています | ～とにています |
| 入っています | おさえてみると |
| しげっています | さわってみると |
| つつまれています | おしてみると |
| のばしています | ゆらしてみると |
| はえています | つまんでみると |
| かれています | しめり気がありました |

| 考えるための語彙 |
|---|
| わかります |
| わかりました |
| わかっています |
| わかりません |
| わかってきました |
| 考えられています |
| 考えられます |
| 考えはじめました |
| |
| 気がつきます |
| 気づきました |
| 気がしてなりません |
| |
| 思いました |
| 思われます |

マークして整理し、意識してその言葉や語彙を活用する機会を授業の中で設けたい。また、付箋やカードを活用した指導も考えたい。

### (2) 観察報告文

生活科では一年生のときからいろいろな植物や動物を観察し記録してきている。色・形・大きさ・数・手ざわり・におい・音など観察の観点を持ち、簡潔に記録したカードをもとに、様子や行動、思ったこと、気付いたことなどを入れ、つなぎながら報告文を完成させる。意識して言葉の数を増やすことが大切である。二年生の教科書(当時)に出てくる観察語彙や考えるための語彙にはどんなものがあるだろうか。ピックアップしてみた。(一部掲載)

こうした言葉を子どもの観察記録カードから日常的に集めておき一覧表にして活用したい。一年生の国語教室で示した「五感をはたらかせよう」の掲示に書き込んで新たに作った表を参考にすることも可能である。

### (3) 紹介

紹介の対象となるものには、書物(内容、粗筋、感想)・人物(自分、登場人物、家族)・実物(使い方、作り方)・事象(体験したこと、出来事)・施設(配置、展示物)などがある。このうち、低学年で特に経験させたい活動は、読書紹介である。読んだ本の題名・作者名・登場人物の名前などの他に、心に残った場面や面白かったところの音読や簡単な内容を入れながら紹介するようにしたい。低学年におけるこうした紹介活動は、学年が上がると、字数を決めて要約した粗筋を入れたり、同じ作者の作品を比べて共通点をまとめて入れたり、自分の考えを持ち評価しながら読んだことを紹介したりする力につながっていく。

三点の書くことの様式は、書いたことをみんなの前で口頭で紹介するなど、他の領域と関連してしっかりと定着させたい力の一つである。

## ポイント2　記録する力を高める

三年生の教科書をみると、調べたことの紹介・解説・説明、研究レポートなどの様式が取り上げられている。それらは、対象とする相手によって書き方も変わってくるが、どれも「分かりやすく説明する」という共通点がある。そして、説明の前には必ず分かりやすく書くためのメモやカード、ノートのような断片的で実用的な記録が必要となる。

### (1)　メモを書く

メモには、インタビューメモ、スピーチメモ、調査メモ、取材メモ、文章を書くための構想メモなどがある。三年生では、スピーチや紹介のためのメモ・インタビューメモ、調査メモ、簡単な構成メモ、新聞記事を書くための取材メモなどが取り上げられている。いずれにしても、文章を書くためのものなのか、口頭で発表するためのものなのか、その目的によってメモのとり方も違ってくる。メモの書き方には、箇条書き・要点筆記・キーワード筆記・走り書きなどがある。自覚して指導したい。

用紙は、インタビューなどあらかじめ聞くことがわかっている場合は項目を書いておきメモする方法もある。図や記号を上手につかって、後で見て分かりやすい方法を考えたい。講話やスピーチを聞いてメモをとる取立て指導も有効である。

### (2)　ポイントを明確にして記録する

記録には、観察記録・見学記録がある。観察記録では、日時・大きさ・色・形・長さ・手触り・におい・変化など、見学記録では、時間・順序・数・数量・内容・分かったこと・思ったこと、などの観点を明確にした記録が必要である。

## 4 語り継がれてきた民話を再話しよう
### ――四年生「吉四六話」「芦屋の民話」――

単元「芦屋の民話を知ろう　語ろう」――新しいテキストを創造する――

【対象・時期・指導時間】小学校四年・二月・二十時間

【教材】
① 旧教科書教材「吉四六話」（光村図書出版四年下　瀬川拓男作・村上豊絵）
② 「吉四六ばなし」（宮本清著　大分合同新聞社　一九九七年）
③ 「芦屋の民話」（三好美佐子著　竹本温子絵　私家版　平成一一年七月）
④ 「あしや子ども風土記　伝説・物語」（芦屋市教育委員会　芦屋市文化振興財団　一九九七年）
⑤ 「豊後野津町のきっちょむさんばなし」（平山喜英編著　野津町の文化を育てる会　一九九二年）
⑥ ビデオ「まほろば伝説――カッパとテング――」（読売テレビ　一九九八年）
⑦ ビデオ「吉四六話」（安藤紀一郎　大分県野津町吉四六さん笑学校）
⑧ 「吉四六さんと庄屋さん」「吉四六さんとおとのさま」（富田博之文　国土社　一九八五年）
⑨ 「吉四六さん」（寺村輝夫　あかね書房　一九九一年）

【参考文献】
① 「日本昔話通観」（稲田浩二・小沢俊夫編集　第二三巻同期社出版　一九八〇年）
② 「兵庫の民話」（宮崎修二朗・徳山静子編　未来社　一九六〇年）

「芦屋」という阪神間都市部の街にも、伝説、伝承の物語がある。地域の作家、三好美佐子の著作「芦屋の民話」の創作の手伝いをしたことから、いつか教材として取り上げたいと考えていた。教科書教材の「吉四六話」を中核に芦屋の民話を組み合わせて、自然と深く関わって生きる民衆のたくましさ、生活の喜び、ユーモア、親しみやすさ、希望を感じ取らせたい。また、地域に愛着をもたせたいと考えた。

この単元を構想するにあたって、大分県野津町、芦屋市、朝来市において、自分であるいは人を介して教材研究を行った。どの地域においても採集した民話を、語りで、あるいは文章化して残そうと努力されている方々を知った。核家族化、少子化で、人間関係形成が難しい時代であるが、今ここで生きていること、ふるさとに残る民話を知り、ふるさとを見つめ愛してほしいと願う。阪神・淡路大震災で感じた、連帯すること、つながることの大切さを民話を通してさらに深めることができるのではないだろうか。それは、子どもたちが、自分の想像力を駆使し自分の言葉で再話し、語る力を付けることで、かなえられるかもしれない。

具体的には、①「笑い話」という民話のジャンルを知り、笑い話を生み、語り継いできた人々の願いを考える、②地域の伝説、伝承を読み、方言を生かしながら想像して再話する、③相手意識をもって民話を語る楽しさを味わう、の三段階で授業を進めた。「吉四六」話では、特徴的な話を「吉四六話１２３」として印刷して配布し、①方言や民話独特の語り口、②はじまり（発端）・展開（経過）・解決（落ち）、という三段構成の学習、②昔の自然や暮らしぶりと語り継いできた人々の願いや心への理解と共感から、創作、語りへとつなぎたい。この実践は、一部を総合的な学習の時間と合科で行うなどして、授業時間の工夫を行った。

「芦屋の民話」の再話に当たっては、伝説・伝承の解説と、三好美佐子の「芦屋の民話」の同じ話を比べ読みし、再話の方法を自己学習させる。また、語りに際しては、ビデオによる語りを視聴したり、教師の方言を交えた語り聞かせを行ったり、民話の語り手をゲストティーチャーに招いたりして、意欲を喚起したり、語り方を学んだりする活動を行う。再話と語りは、自己表現そのものであり、完成した子ども版「芦屋の民話」や語りに、同じものは二つとない。

## 1　単元の指導目標

(1)　口承文芸である民話の構造や、語り継いできた人々の願いや思いを知り、地域に伝わる民話を進んで読むことができる。

(2)　地域に伝わる伝説や伝承を読み、地域の方言を使ったり、想像力をはたらかせて話の展開を考えたりして再話することができる。

(3)　再話した民話を聞き手に思いが伝わるように語ったり、聞き合ったりして、相手のよさを見つけ自分の語りに生かすことができる。

(4)　グループで協力して民話集を作ったり、「ほんわか芦屋の民話を語る会」を開いたりすることができる。

(5)　地域に伝わる方言を生かした民話を音読したり、暗唱したりして、楽しむことができる。

## 2 単元の授業過程

指導計画（全二〇時間）

| 次 | ねらい | 主な学習活動 | 指導上の留意点 |
|---|---|---|---|
| 第一次 | 一　既習教材を整理しながら、民話の持つジャンル性や特性を知る。 | ①　今までに学習してきた民話や昔話について話し合い、民話にジャンル性があることを知る。 | ・挿絵から想起させる。 |
| | | ②　教室の床にすわって、教師の語りを聞く。（芦屋の民話の中から一つ選ぶ） | ・芦屋の民話から選ぶ。 |
| | 二　民話の地域性を生かして、ストーリーテリングをしていく意欲を持つことが出来る。 | ③　他にも芦屋に民話や伝説があることを知り、「芦屋の民話を知ろう語ろう」という課題を設定し、学習計画を立てる。 | ・芦屋にも民話があることに気づかせる。 |
| 第二次 | 三　「吉四六話」の方言のおもしろさを味わうことが出来る。 | ④　大分県の民話「吉四六話」の範読（前田美代子先生朗読）を聞き、感想を持つ。 | ・感想一覧表から考えさせる。 |
| | | ⑤　初発の感想を基に、話のおもしろさをとんちと方言の両面からまとめる。 | |
| | | ⑥　新出漢字の練習や難語句の意味を確かめる。 | |
| | | ⑦　ストーリーテリングや語り部という言葉を知り、地方の方言が生かされて語り継がれてきたことを知る。 | |
| | | ⑧　「吉四六話」の方言部分を普通の書き方にリライトし、方言のよさを実感する。 | |
| | 四　ストーリーテリングに必要な観点について考えることが出来る。 | ⑨　ストーリーテラーの語りを聞き、インタビューし、方法を学ぶ。 | ・事前に聞きたいことを考えメモさせておく。 |
| | | ⑩　ストーリーテリングの柱となるような「吉四六話」の展開構造を見つけ、全体で確認する。 | ・民話独特の展開構造に着目させる。 |
| | 五　グループで協力して練習をしたり、発表したりすることが出来る | ⑪　グループで場面ごとに語る練習をする。 | |
| | | ⑫　グループごとに発表する。 | |
| 第三次 | 六　芦屋の民話を語るために、取材活動し、シナリオ化することが出来る。 | ⑬　芦屋市に伝わる民話を、地域のおとしよりのところへ聞き取りに行ったり、図書館で調べたりする。 | ・テープレコーダーを準備させる。 |
| | | ⑭　自分がストーリーテリングしたい作品を選び原文や聞き取った話を芦屋の方言を使ってリライトし、シナリオにすることが出来る。 | ・リライトの観点をはっきりさせる。 |
| | | ⑮　原稿に音読記号をつけ、練習する。 | |
| | | ⑯　「芦屋の民話を語る会」の発表会の計画をたて準備をする。 | |
| | 七　発表会を開き、成就の喜びを味わうことが出来る。 | ⑰　発表会の仕方を確認したあと、他のグループのストーリーテリングのビデオを見ながら、語り方の工夫について話し合う。 | ・聞き手がおとしよりであることを意識して、語り方を工夫させる。 |
| | | ⑱　リライトした原稿を見直す。 | |
| | | ⑲　地域のおとしよりを招いて、「芦屋の民話を語る会」をする。 | ・会場設定を工夫させる |
| | | ⑳　発表会のビデオを見て、自分や友だちのストーリーテリングの自己評価や他者評価を行う。 | |
| | 八　学習を振り返ることが出来る。 | ㉑　学習のまとめを書く。 | |

## 3　授業の実際、ワークシートと考察

### (1) 今までに読んできた民話を振り返る（導入）

第一次は、今までに読み聞かせをしてもらったり、自分で読んできたりした民話を振り返り、今後の学習に意欲をもたせる。①教師が用意した民話十七のうち、読んだり読み聞かせをしてもらったりしたものをチェックし、話を文章に書いてみて、再話の難しさを実感する、②今まで学習してきた民話（外国の民話も含む）の冒頭部を読み、その特徴について考える、という二点が主な学習である。

①たにし長者（5）　②かちかち山（31）　③したきりすずめ（30）　④桃太郎（37）
⑤文ぶく茶がま（15）　⑥若がえりの水（5）　⑦つるにょうぼう（5）　⑧三年ね太郎（11）
⑨一寸法師（37）　⑩かさじぞう（35）　⑪さるかに合戦（33）　⑫大工と鬼六（3）
⑬うさぎとかめ（38）　⑭うら島太郎（37）　⑫花さかじいさん（36）　⑬こぶとりじいさん（34）
（全児童数　四十三名）

好きな民話ランキング
一位　うさぎとかめ　二位　かさじぞう　さるかに合戦　三位　花さかじいさん

実際に話を思い出しながら書いてみると、細部があいまいだったり、だらだらと冗漫に書いてしまったりと再話することの難しさを実感したようだった。こんな話だったよね、とお互いに話し合ったりする場面や読み聞かせをしてもらったときの様子を思い出したりする子どももいて、民話に対する親しみを確認したようだ。「おむすびころりん」「大きなかぶ」「たぬきの糸車」「力太郎」「スーホの白い馬」「三年とうげ」「モ

チモチの木」の冒頭部を比べて読んだ子どもたちは、「むかし　むかし」で始まる話であること、特定の名前はないが、畑・山奥・とうげなどの場所の設定があること、主な登場人物を紹介していること、などの民話（昔話）の特徴を自己学習した。

一方、民話を語り継いできた状況下において、厳しい自然の中、年寄りが語って聞かせる話がとても楽しみであったことをビデオ視聴と新聞記事から伝えた。テレビもゲームもない、外でも遊べない、本も手に入らない状況であった時代、祖父母が語る話が吹雪の外界と囲炉裏を囲む暖かさが対照的であった。「芦屋にもこのような民話があるのだろうか」という子どもの問いかけから課題設定を行い、学習計画を協議した。子どもたちは、これまでに作品を声に出して読む学習を多く行ってきたことから、語ることで民話の世界を伝えたいという思いが強くなっているので、再話して語るという一連の言語活動に大へん意欲的であった。授業時数を考えるとどちらか一方の活動を行うか、総合的な学習の時間との合科を考えてもよい。この項では、「書くこと」との関係で、再話に焦点をあてて述べること

**再話の心え　－八かじょう－**

(1) 人々のねがい（気もち）やエネルギーを想像して自分のことばで表わす。
① こわいものは、こわく。
② かなしいものは、かなしく。
③ 楽しいものは、うんと楽しく。

(2) はじめ・なか・おわり（はじまり・できごと・かいけつ）という三つのまとまりをいしきして書く。

(3) もとの伝説のすじは、かえてはいけない。

(4) 会話文は方言で、他の文は民話の語り口で書く。

(5) 新しい登場人物をだしてもよいが、あまり多くしない。

(6) ピクピク、ヒュルヒュルなど、擬態語（ぎたいご）は多くなりすぎないていどに、こうか的に使う。

(7) 段落は、いつもより多くかえて読みやすくする。（一年生くらいの読者を考える）。

(8) 自分なりに想像して、おもいきり個性を出す。

にする。

### (2) 中核教材を読んで民話の書き方を学ぶ

第二次は、教科書教材「吉四六話」を読み、民話の書き方を自己学習することと、芦屋の民話の並行読書を行う。

「吉四六話」は、三つの話からなる。子ども時代の話一話と「年ごろになった」吉四六さんの話二話である。この三つの話は、前置き（主人公の年頃・人柄・仕事など状況説明）展開（事件）解決（とんち）と構造が明解である。縮小コピーした本文を三つに切って縦にはり、その構成を比べる学習を行った。同じ構造の部分を線で囲むなどして、比較することで文章構成やとんちのおもしろさをつかむことができた。また、他の吉四六話を重ねて読むことで、人々の生活やくらしぶり、願いや思いにも気付いていった。この構成を芦屋の民話の再話に生かすようにする。多読することによって、さらに吉四六話のおもしろさや機知・ユーモアに気付くことができた。

さらに、他の吉四六話で再話した作者が違う話を比べ、書き方、内容の観点からも違いを発見した。「もとの話を三人が読んだら三通りの感じ方があると思います。おかみさんが出てきたほうが楽しい、おもしろいと思った人は、おかみさんを登場させています。再話というのは、もとの話を百人が読んだら百通りのおもしろさ、楽しさが書くことができると思います」。（子どものワークシートから）

### (3) 芦屋の民話を読む

子どもたちは、並行して、「あしや子ども風土記　伝説・物語」に掲載されている十八の話を、基となった場所や話のおもしろさを確認しながら読んでいる。興味が継続するように、途中で民話クイズを行いながら、自分が再話したい話を決める。

ワークシート７　　　　この学習を始めて（　　　）時間目　　　月　　　日

氏名（　　　　　　　　　）

♡もとの伝説と、再話した民話をくらべてみましょう。

## かえる岩（あしや子ども風土記）

三条町、山手中学校の西がわにあたる、シンキ谷にそって、神戸市よりに登っていきますと、梅谷（うめだに）とよばれている尾根の近くに、かえるの形をした大きな岩があって、「かえる岩」とよばれています。

むかし、村人がタキギをとりに山に入りひと休みしようとかえる岩にもたれているうちに、ひるねをしてしまいました。ふっと目がさめて、あたりをみまわすと、大岩の上に大蛇（だいじゃ）がとぐろをまいてにらんでいました。

「ウワー、大きなウワバミがまつわりついているぞ」とびっくりして、いちもくさんに山からかけおり、家のなかにとびこんでふるえていました。

このようなことがあってから村人たちはこの岩のことを「蛇巻岩（じゃまきいわ）」ともよぶようになりました。古いむかしの絵図をみると「狼岩（おおかみいわ）」としるされています。

♡思ったこと

## かえる岩　（　三好美佐子作　）

むかしなあ、六甲山に、それは大きなかえるが住んでいたそうな。

大きなかえるなもんで、とぶと地ひびきし、なくと木の葉がふるえた。だから、「大がえるがおる」と、すぐわかったという。

こわがられる大がえるであったが、毎日のんびりとくらしておった。友だちもなく、ひとりぼっちであった。

たまに、であう人があっても、自分からにげだし、けっしてわるさや、おどかしなどすることはなかった。

ある日のこと、大がえるは、えらいことを聞いた。なんでも大蛇が大がえるをねらっているという。

大がえるは、それを聞いてから、ちょっとのことでもこわがったりして、ビクビクしてくらすようになった。

その大蛇が、大がえるのいる梅谷にやってきた。

するすると、地めんに体をすべらし、かまくびに頭をもたげ、まっかなしたをヒョルヒョルさせながら、岩かげから、大がえるめがけてやってきた。

大がえるも、それに気づいた。もうにげられないと、体をかたくした。どんなに大きなかえるといえども、大蛇にかなわない。ぐるぐるまきにされ、しめられ、さいごには、パクリと食べられる。

大がえるは、死をかくごして、目をつぶった。

ところが、その一しゅん、大がえるは岩になった。

六甲の山の神さまは、ひごろおとなしい大がえるをあわれに思われそのままのすがたの岩にされた。ここちそうにありついたと、ニタニタやってきた大蛇は、岩になった大がえるには歯がたたず、くやしがって、ここに住むことにした。

それからしばらくして、ある村人が、タキギをとりに山にきた。

かえる岩のところでひと休みしたが、ついうとうとと、ひるねをしてしもうた。そのうちに、ふと目をさますと、なんと、大蛇がかえる岩にまきついて、こちらをうかごうておる。

「ひゃあ、えらいもんが　みとるやないか。」

と、いのちからがらにげた。

村人は、家にとんで帰り、ふとんに頭をつっこんで、ふるえておった。

このことが、村中にひろまると、「それは、えらいこっちゃあ」と村の若いもんが、手に手にぼうきれを持って、山にはいった。

ところが、若いもんが、梅谷につくと、大蛇はどこにもおらん。さがしてもおらん。どこへにげたのかと、よくよくみれば、かえる岩にまきついておった。それも大蛇は岩になっておった。

そんなことがあってから、かえる岩は、蛇巻岩ともいわれるようになったという。

山の神さまは、大がえるだけでなく、大蛇もわけへだてなく、岩にしてしまわれた。梅谷のかえるも、へびも、なかよく岩となった身では、けんかもできず、おたがいに食べられることもなく、平和な日々をすごしているのやろ。

書く力は、構成を考えることとともに、記述力の育成をどのように図るかが大切である。子どもたちが自己学習できるように、同じ題材の「あしや子ども風土記　伝説・物語」と三好美佐子の再話を比べ読みすることで自己学習を図った。子どもたちは、①擬音語・擬態語が入ることによって臨場感が出ること、②方言を使うことで、民話らしくなっていること、③話の骨子は変わっていないこと、などに気付いている。これらを交流し、「再話の心え八か条」としてまとめ、記述するときに活用している。自分たちが発見した心得であるので、実際に記述するときの意欲につながっている。同じ話を選んでも、子どもによって膨らませ方や表現の仕方が違う。楽天的であったり、教訓的であったり、心情を豊かに表現したりと実に個性的であった。子ども一人一人の顔を思い浮かべながら、深夜ワープロに向かい、「あしやこども民話」を活字にした。

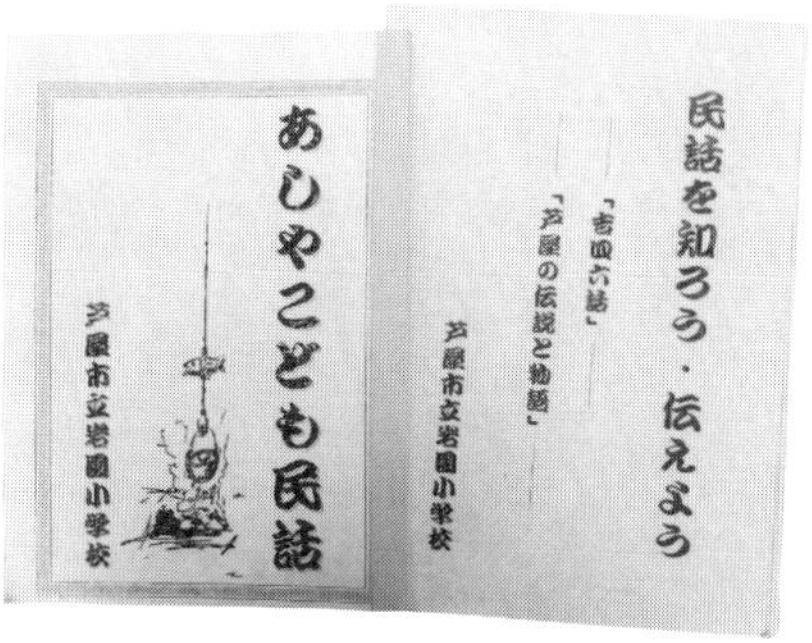


完成した喜びは、子どもの意欲をさらに高め、暗唱して二年生や保護者、芦屋市「基礎学力指定」研究発表会で語った。さらに、ケーブルテレビの「視聴者企画番組に応募した子どもが、実際に民話の舞台となった場所に立ち、民話を語って案内したりするなど、活動は広がっていった。自己学習がいかに主体的な学びを促し、意欲を高めることができるかを実感する。

地域には、読み聞かせやストーリーテリングをボランティアで行っている団体や個人の方、社寺や資料館には、地域をよく知り、話を聞かせてくださる方が必ずいらっしゃる。そうした方々との連携や協力が実践を豊かなものにする。民話は、現代も大切な文化であり、テレビやゲーム時代に生きる子どもたちの心に響くことを実感した。このことは、大きな喜びであった。

## 5 繰り返しのある 物語を書こう ――四年生「いろはにほへと」他――

単元 「物語作家になろう」 ――反復構造のある物語を書く――

【対象・時期・指導時間】 小学校四年・一月・二十時間

【教材】

① 教科書教材「いろはにほへと」(光村図書出版四年下 今江祥智文・長谷川義史絵)

② 旧教科書教材「おむすびころりん」「大きなかぶ」(光村図書出版一年)

③ 絵本「ちからたろう」(今江祥智文・田島征三絵 ポプラ社 一九六七年)

④ 「フィンランド・メソッド 五つの基本が学べるフィンランド国語教科書小学四年生」

⑤ 「フィンランド・メソッド 五つの基本が学べるフィンランド国語教科書小学五年生」(メルヴィ・バレ マルック・トッリネン リトバ・コスキバー著 北川達夫&フィンランド・メソッド普及会役・編 経済界 二〇〇五年一二月)

⑥ 絵本「ぞうくんのさんぽ」(なかのひろたか さく・え 福音館書店 一九七七年四月)

⑦ 絵本「ガンピーさんのふなあそび」(ジョン・バーニンガム作・絵 ほるぷ出版 一九七六年九月)

子どもたちは、今までに数多くの物語を読んできた。「大きなかぶ」「ちからたろう」など繰り返しのある物語を声に出して読み、楽しんできた子どもたちである。「繰り返し」の言葉のおもしろさ・リズムのよさが心に残り、その言葉が普段の生活の中で不意に口をついて出てきたり、内容は定かではないが、その言葉だけは覚えていたりする。物語の反復構造に目を向け、自分たちでも物語を作るという活動が四年生ともなるとできるのではないかと考えた。反復構造には次のような特徴がある。

○ リズムを生み出す。
○ 登場人物が増えたり、大きくなったりして変化しながら、話が盛り上がっていき、読み手の期待感が高まる。
○ 同じことを繰り返す中で、最後だけ異ならせて強調することができる。
○ 話の筋を予想しながら読み進めることができる。
○ 反復に着目すると人物の変容がとらえやすい。

物語のもつ特質を生かして、基本構造を押さえながら想像をふくらませて物語を書くという創造的な表現を行うことの楽しさを実感させたい(11)。

## 1 単元の指導目標

(1) 登場人物の出会いと反復構造のおもしろさに着目して本を選び、再読したり、多読したりして楽しむことができる。
(2) すぐれた叙述や描写、言葉の遣い方のおもしろさ、などを味わいながら、物語を書くという目的に沿って読むことができる。
(3) 物語の構造や表現を生かして、展開を工夫した物語を書くことができる。
(4) 書いた物語をグループで交流し、よさや面白さを互いに見つけたり、分かりにくい表現や構成を助言し合ったりして、自分の作品を推敲することができる。

(5) 指示語や接続語を理解したり、オノマトペを集めたりして、自分の作品に効果的に使いながら、段落を意識して物語を書くことができる。

**主な学習過程と指導事項との関連**

○ 登場人物に焦点をあてた感想の交流と課題設定

● 中核教材の分析と反復構造の実感

・「読むこと」の指導事項ウ「場面の移り変わりに注意しながら、登場人物の性格や気持ちの変化、情景などについて、叙述を基に想像して読むこと」

● 物語の基本の型の指導（知識資料の配布）

○ 物語を豊かにする表現の学習

・「読むこと」の指導事項カ「目的に応じて、いろいろな本や文章を読むこと」

○ プロットの作成と物語の創造（記述）

・「書くこと」の指導事項エ「文章の敬体と常体との違いに注意しながら書くこと」

○ 遂行と自己評価・他者評価（助言）

・「書くこと」の指導事項オ「文章の間違いを正したり、よりよい表現に書き直したりすること」

○ 作品の交流と発信（愛読者カード）

※●を取り上げて述べる。

単元の指導計画（全17時間、本時12時間目）

| 次 | 時 | 学習活動 | 指導上の留意点 | 評価規準と方法 |
| --- | --- | --- | --- | --- |
| 一 | 一 | ① 今までの読書を振り返り、くりかえしを使って物語を見つけ再読する。<br>②くりかえしを使った物語を見つけて読む | ○ 出てくるくりかえしを整理するワークシート用意する。<br>○ 教室に図書コーナーを作る。 | [読]くりかえし出てくる言葉に気づいている。（ワークシート）<br>[聞]くりかえしを使っている物語を図書室などで見つけている。（様子観察） |
|  | 二 | ② 学習課題「物語作家になろう」〜くりかえしっておもしろい〜を設定し学習計画を協議する。 | ○ 今江祥智さんの『いろはにほへと』を手本にして「くりかえし」を使った物語を書くことを確認する。 | [話]見つけた物語をみんなに紹介している。（発表の様子） |
| 二 | 三〜六 | ③ 『いろはにほへと』を読み、くりかえし擬態語・展開のおもしろさをとらえる。 | ○ 「いろはにほへと…」の意味を知らせ、いろはカルタをして興味づけする。<br>○ くりかえしに変化があることに気づかせる。<br>○ 擬態語を見つけさせる。 | [聞]いろはカルタを楽しんでいる。（様子観察）<br>[読]すらすら調子良く音読している。（音読の仕方の工夫）<br>[読]くりかえし・擬態語を見つけ効果を考えている。（ワークシート記述） |
|  | 七 | ④ 今江祥智作品『もかもかたろう』を読む。 | ○ あらすじをとらえ、おもしろい所、好きな所を発表させる。<br>○ リズムのある耳に残るくりかえしに気づかせる。 | [読]一度聞いたら忘れられないくりかえしの言葉を味わいながら音読している。（音読の仕方の工夫）<br>[書]くりかえしによって、期待した事、予想した事を発表している。（発表の様子）（ワークシート記述） |
|  |  | ⑤ 「くりかえし」の効果を整理して、次時の物語作につなぐ。<br>● リズムがある<br>● 読み手の期待が高まる<br>● 話の筋を予想できる<br>● 結末を際立たせる | ○ 『いろはにほへと』や今までに読んだ物語から考えさせる。<br>● 少しずつ変化するものがあった。<br>● おもしろく耳にのこるものがあった。<br>● 場面のくりかえしもあった。<br>● 最後が違った。 | [書]「くりかえし」の効果についてまとめている。（ワークシート記述） |
|  | 八 | ⑥ 物語を書く観点を整理し全体計画をねる。 | ○ 観点をフラッシュカードにして提示し、交流が深まるようにする。 | [聞]観点を確かめながら考えようとしている。（様子観察）<br>[聞]話の筋を考えてどんどん書き進めている。（様子観察） |
|  | 九〜十一 | ⑦ 物語を作る観点にそって「くりかえし」を使った物語を書いていく。<br>● 「くりかえし」を三つ入れる。<br>● はじめ→一〇〇字程度（いつ・どこで・だれが）<br>● 問題一（くりかえしの一）<br>● 問題二（くりかえしの二）<br>● 問題三（くりかえしの三）<br>● 各二〇〇字〜三〇〇字<br>● 新しい問題→二〇〇字<br>● 解決→二〇〇字の目安 | ○ 場面展開のきっかけになる「くりかえし」の言葉を工夫させる。<br>○ 「くりかえし」を三つ入れさせる。<br>○ オノマトペを効果的に使わせる。 | [書]「くりかえし」の言葉を工夫して物語を作っている。（記述）<br>[読]適切な大きさ・速さで正確に読んでいる。（読み聞かせの様子）<br>[聞][書]友達の物語を聞き、良い所を見つけて伝えている。（感想カード） |
|  | 十二 | ⑧ 出来た物語を読み合い互いに評価する。 | ○ 出来た物語を友達と読みあい感想や助言を聞く。<br>○ 書きにくい子どもには、アドバイスカードに沿って確認するよう支援する。<br>○ アドバイスの観点（別表） | [書]感想カードをもとに推敲している。（推敲原稿） |
|  | 十三 | ⑨ アドバイスを生かして推敲する。 | ○ 友達からの評価・感想をもとに推敲させる。 |  |
| 三 | 十四〜十六 | ⑩ 清書して一冊の本にまとめる。 | ○ 場面に合う挿絵も入れさせる。 | [聞][書]文字の配列・挿絵などを工夫して作ろうとしている。（あとがき原稿） |
|  |  | ⑪ 後書き・作者紹介などを書く。 | ○ プロの物語を参考に後書きに書くことを学ぶ。 |  |
|  |  | ⑫ 『四年二組物語作家四十人』コーナーを作り、互いの作品を読んで楽しむ。 | ○ 友達の作品を読んだ後は「愛読者カード」を書き手渡しさせる。 | [聞][読][書]友達の作品を読み進め、感想を伝えている。（様子観察）（愛読者カード） |

## 3　指導の実際と考察

### (1)　反復構造に気付き、意欲をもつ

第一次は、今までに読んできた物語を振り返り、反復構造をもったものを見付け再読し、学習課題「繰り返しのおもしろさを伝える物語作家になろう」を設定し、学習計画を協議する。

教室に図書コーナーを設けたり、学校図書館に行ったりして、これまでの学年で学習してきた反復構造をもつ物語を再読したり、面白さを交流したりする。他にも、反復構造をもつ絵本を見つけ朝の会で紹介したり、読んだりする子どもがいて、反復構造をもつ物語がたくさんあること、外国の絵本にもあることなどに驚いたようだ。さらに中核教材「いろはにほへと」を読んで反復構造の面白さを、改めて実感した子どもたちである。作者の今江祥智さんが来校されることを知り、自分たちも物語を書いて今江さんや友達に読んでもらいたいという目的をもつ。そこで「繰り返しのおもしろさを伝える物語作家になろう」という学習課題を設定し、学習計画を協議した。

### (2)　物語を創作する

第二次は、中核教材の反復構造を場面の移り変わりとの関連でとらえ、人物との会話に着眼して整理したり、絵本を重ね読みすることで、反復構造の多様さを学んだりする。そして、実際に物語を書いていく。

主人公の言葉と出会った人物の言葉に線を引いたり、繰り返される記述を囲んだりする言語操作を行い、何がどのように繰り返されているのかを、本文と縮小したワークシートを基に考えた。

さらに絵本「ぞうくんのさんぽ」「ちからたろう」を重ねて読むことで、

| |
|---|
| ①　場面の繰り返し（行動・だんだんよくなる。三回が多い・相手が変わる） |

② 登場人物の繰り返し（数が増える・入れ替わる・違う出会い・だんだん強くなる）
③ 言葉の繰り返し（かけ声・会話・はやし言葉）

など、反復にも何をどのように反復させるかが違うことに気付き、その効果を一覧表に整理し、面白さを実感したり、自分の書く物語に生かそうという意欲をもったりした。ここでは、子どもたちの考えや気付きを「くりかえしっておもしろい」「物語ふくらませテクニック」という表にまとめ、物語創作につながるようにしている。（表1）この学習によって、指導事項ウ「場面の移り変わりに注意しながら、登場人物の性格や気持ちの変化、情景などについて、叙述を基に想像して読む」力を身に付けていく。中核教材をモデルとして、出会いの場面によって構成が決まるので、それを参考にしながら大きく「起承転結」という基本構成を指導した。フィンランドの教科書四年生・五年生を参考に知識として指導している。[12][13]

この知識として指導した「物語の基本の型」と今までに読んできた反復構造と記述の工夫などを確認して、プロットを考え、一人一人が物語を創作した。友達のアドバイスを受け、推敲を二回行ってさし絵をつけ、清書している。記述にあたっては、繰り返しを三回にする、オノマトペを効果的に使用するなど、自分たちで考えまとめた「物語のふくらませテクニック」表を再確認した。

書くまでの過程を丁寧に指導したので、書き始めるときは意欲が最高度に高まったときであった。作者紹介・発行年月日・などを入れた奥付を書き、一冊の本にまとめた。完成したときの喜びは大きかった。

さあ、書こう（　　　）

**物語ふくらませテクニック**

1　題名を工夫しよう。
　☀見ただけで「読みたい」

2　書き出しを工夫しよう。
　☀「うん、うん、それから、それから……？」と、次を早く読みたい

3　登場人物に名前をつけるのなら、いい名前を考えよう。
　☀おうちの人が、みんなの名前を考えたみたいにね

4　耳に残る擬音語・擬態語〔オノマトペ〕を入れよう。
　☀『力太郎』には、いっぱい出てきたね。

5　会話文「　　」を入れよう。

6　たとえの表現を入れてみよう。
　☀☀○○みたいに　△▽のような

7　読んだ人が想像しやすい工夫をしよう。
　☀修飾語を入れよう『色・形・数・大きさ・様子・景色』
　♡読んだ人の頭のテレビに映るかな？

## 物語の『型』だよ

この図をもとにして，物語の流れを考えてプロットを作ろう

**はじめ**
- ○書き出しの文は？
  - ・むかし、むかし
  - ・とんと昔
  - ・すこし昔
  - ・ある所に
  - ・ある朝
  - ・○○は，
- ○いつ，どこで，だれが（主人公の紹介）

**くりかえし①**
**くりかえし②**
**くりかえし③**
- ○言葉
- ○登場人物
- ○場面
- ○順をよく考えて

どのくりかえしを使おうか？

**転**
- ○わっ，大変
- ○さぁ，困った。どうしよう‥
- ○あれ～！？
- ○失敗だ。

**結末**
- ○めでたし，めでたし
- ○ハッピーエンド（a happy ending）

### (3) 創作した物語を発信する

第三次は、互いの作品を読み合ったり、保護者に紹介したりする活動を行っている。友達の作品を読んだ後は、面白いところや、心に残った場面などを「愛読者カード」に書き、作者に手渡すようにした。友達のアイデアに驚いたり、おもわず笑ってしまったりするなど、楽しんで読む姿が見られた。三回の繰り返し、書き出し・書き終わりの工夫、記述の工夫など、指導の筋道が明確であり、書きやすかったという感想があった。一人一人が自分という個性を自覚することができる契機にもなり、一人一人の個性がよく表れることが分かった。書く力が、自己を発揮すること、表現することと深くつながっていることを実感した。

**注**

(1) 多田孝志「授業で育てる　対話力　グローバル時代の「対話型授業」の創造」教育出版　二〇一一年八月)

(2) 井上一郎「話す力・聞く力の基礎・基本」(明治図書、二〇〇八年一二月)

(3) 平田オリザ「対話のレッスン」(小学館　二〇〇一年九月)

(4) 志水宏吉「習慣が意欲を生む　～学習習慣の確立について～」(『兵庫教育No.七四二　兵庫県教育委員会発行　兵庫県立教育研修所編集』二〇一二年一二月)

(5) 「入門期講座　講義録　入門期の学習指導について　――国語の学習指導を中心に――」(芦屋市立教育研究所　研究収録第二十六集　一九八二年) ※今井鑑三による六回シリーズ講座の記録である。

(6) メルビン・ホワイト＋レスリー・コーガー　岡田陽＋大園美友紀訳「朗読劇　朗読劇ハンドブック」(玉川大学出版部一九九二年五月)

(7) 再掲(6)

（8）再掲（6）
（9）寺井正憲「語りに学ぶコミュニケーション教育上巻　コミュニティを育てるコミュニケーション教育」（明治図書　二〇〇七年二月）
（10）井上一郎編著「書く力の基本を定着させる授業――書けない子を書けるようにする――」（明治図書　二〇〇七年九月）
（11）芦屋市立山手小学校「平成一九年度　芦屋市学力向上支援プラン指定授業研究発表会」において、授業公開を行った四年生二組、江口敬子教諭の実践である。子どもたちは、今江祥智氏と出会い、憧れ、大へん意欲的に物語創作を行った。記して感謝したい。
（12）メルヴィ・バレ　マルック・トッリネン　リトバ・コスキバー著「フィンランド・メソッド　五つの基本が学べるフィンランド国語教科書小学四年生」（北川達夫&フィンランド・メソッド普及会訳・編　経済界　二〇〇五年一二月）
（13）メルヴィ・バレ　マルック・トッリネン　リトバ・コスキバー著「フィンランド・メソッド　五つの基本が学べるフィンランド国語教科書小学五年生」（北川達夫&フィンランド・メソッド普及会訳・編　経済界　二〇〇五年一二月）

# 第四章

## 読む力を育てる国語教室と授業

# 第一節　文学的な文章を読む

## 1　小学校「読むこと　文学的な文章」――多様な読みの力を付ける――

### (1)「読むこと　文学的な文章」の学習指導要領のポイント

学習指導要領「読むこと」の領域の「文学的な文章の解釈に関する指導事項」を見てみよう。

| | |
|---|---|
| 第一学年及び第二学年 | ウ　場面の様子について、登場人物の行動を中心に想像を広げながら読むこと。 |
| 第三学年及び第四学年 | ウ　場面の移り変わりに注意しながら、登場人物の性格や気持ちの変化、情景などについて、叙述を基に想像して読むこと。 |
| 第五学年及び第六学年 | エ　登場人物の相互関係や心情、場面についての描写をとらえ、優れた叙述について自分の考えをまとめること。 |

登場人物の行動→登場人物の性格や気持ちの変化→登場人物の相互関係や心情、という「登場人物のどこに（何に）着眼するのか」という想像の手がかりや着眼点が、発達段階を踏まえ外に現れやすいものから、内面に向かって複雑さを増していくように段階を踏んで示されている。そのことは、場面の様子→場面の移り変わり→場面についての描写、という点でも同様である。

そうした力は、本や文章を読んで、考えたり想像したりしたことを文章にまとめたり、発表したり、話し合ったりすること、つまり表現することによって身に付く。しかし、従来、特に文学的な文章は、個々の物語がもつ特質に違いがあるにもかかわらず、登場人物の気持ちを詳細に読むことに偏りがちであった。

①基礎的・基本的な知識・技能を活用して課題を探求することのできる国語の能力を身に付ける、②実生活で生きてはたらき、各教科等の学習の基本ともなる国語の能力を身に付ける、という学習指導要領の基本方針から考え、目的をもち、目的に応じた言語活動を通して指導することが重要となる。

例えば、表現構造、登場人物の人柄や性格や相互関係、優れた叙述、物語のジャンルやシリーズ、長編、作家など中核となる物語の特質を生かした課題は、作品の創造や書き換え、劇化など、言語活動を多様に構想させ、その過程において、登場人物の心情を想像することが可能となる。また、副教材や資料などの活用や、子どもたちの考えの形成を促すことになる。授業改善のポイントを三点挙げる。

① 子どもたちが、読みの目的をもち、自分とかかわらせながら、主体的に考える授業過程を重視する。

② 単元の指導事項を明確にし、子どもたちが見通しをもって学習し、相互に評価を行い、身に付けた力を自覚し実生活にいかすことが出来るようにする。

③ 自分の考えの形成と、他者との交流の中で、人間関係形成力を身に付けるようにする。

## 2 授業改善の考え方

### (1) 目的に応じて読む学習過程への転換

「読むこと」の目標の第三学年及び第四学年に「目的に応じ、内容の中心をとらえたり段落相互の関係を考えたりしながら読む能力を身に付けさせるとともに、幅広く読書しようとする態度を育てる。」とある。

学習指導要領「読むこと」には、音読や解釈、自分の考えの形成と交流、目的に応じた読書という学習過程の概略が示されている。子どもたちが、主体的に読み、活用する力を身に付けるには、次の点が重要である。

① 読みの目的である学習課題を設定する。

② 学習計画を立て、子どもたちが見通しをもって自覚的に学習するという課題解決の過程を構想する。

③ 学習過程において、指導事項を明確にし、指導事項の知識・技能を活用する指導を行う。

課題設定は、指導事項・教科書教材などの中核教材・子どもの実態や付けたい力などから設定することが多い。子どもが意欲的に課題解決を図ろうとするような課題は、自分とのかかわりにおいて設定するという工夫が必要である。自己学習を重視し実生活に生きてはたらく力が付く学習過程をとること、交流、自己評価、相互評価、振り返りが行われること、などが大切である。第一章（2）「学習単元のつくり方」を参考にされたい。

## (2) 「文学的な文章を読む」学習単元の構想

「読むこと　文学的な文章」にかかわる主な言語活動例をまとめる。

○読む対象

物語、詩、短歌・俳句など

○言語活動の方法

（第一学年及び第二学年）読み聞かせを聞く・物語を演じる・感想を書く・好きなところを紹介する。

（第三学年及び第四学年）感想を述べ合う・紹介したい本を取り上げて説明する・まとめたものを読み合う。

（第五学年及び第六学年）自分の生き方について考える・必要な情報を得る・推薦の文章を書く・新聞を読む。

「読むこと」の第一学年及び第二学年の指導事項ウ「場面の様子について、登場人物の行動を中心に想像を広げながら読むこと」は、読んで表現活動を行うときに、当然他の領域と連動する。

例えば、第一学年及び第二学年の「物語を演じる」という言語活動を構想するとしよう。紙人形劇・音読劇・

朗読劇・紙芝居など、劇といっても多様である。演じるという側面から、「話すこと・聞くこと」の指導事項ウ「姿勢や口形、声の大きさや速さなどに注意して、はっきりした発音で話すこと」など音声化の指導事項と深く関連する。また、台本を書けば、「書くこと」の領域、昔話や民話を取り上げれば「伝統的な言語文化と国語の特質に関する事項」とかかわる。言語活動は、課題解決の過程で三領域及び「伝統的な言語文化と国語の特質に関する事項」の指導事項が相互に関連しあって、読む力を高めていくように展開する。

一方で、指導事項の一つを取り上げて重点的に指導するということもあるので、それらをどのように関連させたり取り立てたりして指導するのかを検討し、年間指導計画に位置付けていくことが大切である。

### (3) 読書を授業とリンクさせる

日常的に本を読むということを重視するとともに、自分の目的のために活用すること、課題解決のために本を読むことなど、単元の過程を貫いて読書と関連させることが、授業改善の重要なポイントである。

指導事項の並びは、学習の過程を示しているが、音読して文章を読み取ったり、解釈したりして自分の考えをまとめ、発表し合い、その後に読書をするという学習の順序を示しているものではない。読書そのものが課題や単元全体に大きくかかわり、指導過程全体に網をかけているととらえたい。

例えば、シリーズを読むことによって、登場人物の行動や性格の特徴が浮かび上がってくるということがある。目的をもって読んでいく過程で、指導事項に示されている力を付けるように本を取り上げることが大切なのである。「シリーズを読んで、読書紹介カレンダーをつくろう」(『お手紙』光村図書出版ほか)という課題を設定すると、子どもたちは、カレンダーの十二か月にふさわしい話を選んでカレンダーをつくるためにシリーズを読んでいく。選んだ話の登場人物の行動に視点をあて、あらすじや山場、感想、好きな場面、など紹介の観点を決め、設定された字数にまとめ、カレンダーを作成する。つまり、本を読むことが必然となるような課題や単元を構想するのである。

これからの文学的な文章を読む授業は、この点をもっと積極的に行う必要があるだろう。その年齢の子どもたちに出合わせたい本に出合わせる、読書のジャンルを広げる、など自由読書に対して、教師の側が仕掛けていくことも必要だ。そうした、読書しなければ課題が解決できないという体験を通して、自ら本を手に取る機会を増やしていく意義は大きい。

### (4) 教材・補助資料・ワークシートの開発

教科書教材を中核としながらも、(3)で述べたように、シリーズや同じ作家、テーマが同じ本など物語の特質に応じた副教材や補助資料、自己学習を図るためのワークシートの開発が必要となる。

文章を比べたり、分類したり、書き換えたりする言語操作を行うことは、一人一人が考え、表現するために必要である。マーカーで叙述を色分けしたり、囲んだり、はさみで切って分けたりつないだり、付箋を貼ったりする、など、具体的な操作や作業を通して子どもが実感し、考えることができるようなワークシートを工夫したい。

## 6 影絵劇の楽しさを伝えよう ――四年生「ごんぎつね」他――

単元「影絵劇の楽しさを伝えよう」――シナリオを書き、協力して演じる――

◆対象・時期・指導時間 ◆教材 ◆単元のねらい

【対象・時期・指導時間】小学校四年・七月・一五時間

【教材】

①教科書教材「ごんぎつね」(光村図書出版四年下　新美南吉作・かすやまさひろ絵)

②「新美南吉作品集」

③光村図書　小学校国語準拠国語指導CD四年より　市原悦子朗読「ごんぎつね」

④影絵人形劇団みんわ座「シリーズ絵本人形劇　山姥のかがみ（ＯＨＰ影絵人形劇）」(晩成書房　一九九三年)

⑤林明子「赤ずきんのペープサート」(『こどものとも　こどものとも五百号記念十一月増刊号いっしょにあそぼうみっつのおはなし』月刊予約絵本　福音館書店　一九九七年)

子どもたちは、文字を書くことを前提としない就学前から劇活動に親しんできている。生活発表会では、教師の指導のもと、台詞を一部入れながら、ピアノ伴奏や効果音に支えられて、自分の分担をしっかりと声に出して発表し、演じている。劇の種類は以下の通りである。

①総合劇　②音読劇　③音楽劇　④人形劇（手づかい人形　指づかい人形　棒づかい人形　糸操り人形　影絵人形　ぬいぐるみ人形　紙人形　エプロンシアター）

子どもたちは、四年生までに音読劇や紙人形劇を行ってきているということ、協力して作品世界を演じてきたため、人形の位置、動かし方、背景、効果音、音楽、など更に高度な技術を要する影絵劇を行う素地があるということ、暗い中での影絵劇という非日常の世界、異世界が体験でき、物語世界にひたることができること、という三点の理由から、本単元を構想した。物語をシナリオにリライトするときには、叙述の層をナレーション、台詞、動きに書き分けたり、脚色したりして、自己学習できるワークシートを用意した。また、俳優による中核教材の朗読テープを聞かせたり、効果音のＣＤを用意して活用したりした。(1)

## 1　単元の指導目標

(1)　紙人形劇との比較から影絵劇という表現様式やその特徴を知り、低学年の子どもたちに作品の楽しさを伝えることができる。

(2)　作品を影絵劇のシナリオにリライトすることによって、自己の読みを音声言語表現に生かすことができる。

(3)　影絵劇のシナリオを書くために、作品の構造を理解することができる。

(4)　相手を意識したり、グループで協力し合ったりして、音声化やペープサートの動かし方を工夫することができる。

(5)　影絵劇の発表会を開き、相互評価をすることができる。

## 2　単元の授業過程

指導計画

| 次 | 時 | 目標 | 主な学習活動 | 児童文化財活用上の留意点 |
|---|---|---|---|---|
| 一 | | ○今までに行った劇活動を対象化し、経験のない劇活動をする意欲を持つ。<br>○朗読を聞いて「ごんぎつね」の作品世界に浸る。<br>○新美南吉の書いた作品のおもしろさについて、自分なりの意見を持つ。<br>○モデルを見て、影絵劇に関心を持ち、自分たちで創作する意欲を持つ。<br>○これまでの劇から、影絵劇に必要な活動を考え、学習計画を協議することができる。 | ①今までに行った劇を思い出し、今までに行ったことのない影絵劇をする意欲を持つ。（ワーク一）<br>②「ごんぎつね」の朗読を聞き、登場人物についての感想を書く。（ワーク二）<br>③影絵劇にするために新美南吉作品集を読み始める。（ワーク三）<br>④モデルの影絵劇を見て、感想を持ち、影絵劇の特徴を知る。（ワーク四）<br>⑤学習課題「新美南吉の書いたお話の影絵劇を作ろう」を設定し、学習計画を協議する。（学習計画表） | □「ごんぎつね」の朗読CD<br>□「新美南吉作品集」<br>□影絵劇<br>影絵劇を見せ、具体的なイメージを持たせる。<br>□ペープサート<br>ペープサートと、影絵劇の違い、セロハンを貼って、色をつける工夫を見つけさせる。 |
| 二 | | ○挿絵をヒントに各場面の重要な箇所やセリフを抜き出す。<br>○影絵劇のシナリオを作るため、作品の文章をリライトすることができる。<br>○人形を使って影絵遊びを楽しむことができる。<br>○影絵劇にする作品を自分たちでリライトする意欲を持つ。 | ⑥「ごんぎつね」の展開構造を見つけ、全体で確認する。<br>⑦「ごんぎつね」を使って、シナリオづくりのモデル学習を行う。（ワーク五）<br>⑧「ごんぎつね」の影絵遊びをし、声に合わせて人形を動かすイメージを持つ。<br>⑨影絵遊びから、影絵劇で工夫したい点を見つける。<br>⑩影絵劇にする場面ごとにグループに分かれ、特に工夫する点を見る側に立って考え、話し合って決めていく。 | ●リライトは出来るだけ分かりやすくすること。<br>□学習資料「劇を作るコツと工夫のいろいろ」<br>□影絵劇にする作品を選ぶ観点<br>●話の筋が分かりやすい。<br>●登場人物が少なく、関係が複雑でない。 |
| 三 | | ○グループごとに協力して、影絵劇を作り、演じることができる。<br>○発表を通して、次の学習に意欲を持つことができる。 | ⑪グループごとに、影絵劇にする場面の特徴を思い出し、シナリオを作るために、文章をリライトする。（ワーク六）<br>⑫人形、背景、効果音、音楽を作成する。<br>⑬影絵劇の練習を行う。<br>⑭作品発表会を行う。<br>⑮ワークシート、自分達が演じた劇を撮影したビデオを視聴し、自分がどのように学習に取り組んだか、どのような力が付いたかを振り返る。（ワーク七） | □影絵劇<br>人形の位置や動き、背景、効果音、音楽をシナリオに書き込む。 |

## 3　授業の実際、ワークシートと考察

### (1)　影絵劇の特徴を学ぶ

第一次は、今までに行ってきた劇活動を振り返り、新しい「影絵劇」という表現活動を知り、低学年の子どもたちに対して実際に演じるという学習課題を設定し、学習計画をたてる。

①　これまでに紙人形劇を体験したことのある子どもは、三九人中二五人、朗読劇を体験した子どもは、三九人であった。全員が朗読劇を行った体験がある。また、紙人形劇、音楽劇の経験もあった。六年生が、ＯＨＰを使って、効果音を入れた朗読と絵で「やまなし」を表現し、それを視聴した経験と、今までに行ったことがないので、新しい劇活動を行ってみたいということから、影絵劇をすることに決まった。影絵劇への意欲は高い。

②　影絵劇と紙人形劇を視聴し、二つの劇を比べ、その仕組みと演じ方の違いを実感した。理科室に暗幕を張り、神戸大学院生たちによるモデル演技を視聴した。比べてみると以下のことに子どもたちは気付いている。

| 《影　絵　劇》 | 《紙　人　形　劇》 |
| --- | --- |
| ○後ろから光を当てて、影を作り人形を動かす。<br>○人形で影を作って動かす。<br>○基本的には、黒い影一色であるが、セロファンを使って透き通った色を付けることができる。<br>○ライトを使う。 | ○影にしないで、自分が書いた人形をそのまま動かす。<br>○紙人形をそのまま動かす。<br>○色をぬるので、多くの色を使用できる。<br>○何の色でもそのまま見える。 |

| | |
|---|---|
| ○（暗）幕を閉じて影を作る。<br>○人形の角度によっては、形がわかりにくくなる。<br>○ぼやけたりして、映りが悪い時がある。 | ○ライトは使わない。<br>○人形がそのまま見える。<br>○ぼやけない。 |

　実際に影絵劇用の人形をつくるときには、カッターナイフを使用して紙を切りぬく必要があり、その点でも四年生という年齢が妥当だと思われる。「おもしろそう」「色は少ないが、きれい」「ふしぎな世界」などの感想があり、演じることに意欲をもっていることが分かる。

③「ごんぎつね」の朗読テープを聴いたり、自分たちでも音読したりして、学習課題「影絵劇の楽しさを伝えよう」という学習課題を設定し、影絵劇に必要な活動を考え、学習計画を協議した。これまでの経験から、①シナリオを書く、②ナレーター、ごん、兵十などの役割分担をする、③練習をする、④舞台装置を考える、⑤リハーサルをする、などの活動を考えることができた。さし絵を手がかりに粗筋を書き、感想を交流した。

　さらに、各グループが第一場面のシナリオを書いて影絵劇遊びを行い、人形の動きと台詞を合わせることなどの必要性、台詞を言う難しさ、効果音をどこでどのように入れるかのアイデアなど、演じてみて課題を感じたり影絵劇の具体的なイメージをもつことができ、意欲が増したりしたようだ。そのときの感想から、「朗読劇を演じる七つのポイント表」をまとめ、次の学習に生かしている。

# 影絵劇を演じる七つのポイント

①暗記して
ゆっくり話す

②人形を たてに
すると 見えなくなる
ので 気を付ける

③人形と人形の位置が
はなれすぎない
ようにする

④人形の動きと声を
合わせるようにする

⑤人形を持つ手が
見えないように
気を付ける

⑥人形の足が
見えるようにする

⑦ナレーターの部分を
少なくして
なるべく人形の
動きにする

### (2) シナリオ作成と練習を行う

第二次は、シナリオにリライトし、グループで協力して、実際に練習を行う。

① シナリオは、場面・場所・ト書き（行動や動作を表す）・台詞・効果音からなる。「ごんぎつね」第一場面のシナリオと本文とを比べ読みし、台詞とト書きの構造を学習させた。どのように書き換えているのか、マーカーを使って色分けしながら考えていく。場所が特定できる文章を赤、台詞に書き換えることが出来る心情描写を青、ト書きとなる動きや、行動につながる記述を黄色、と本文を分析的に読んでいった。

② 一部の子どもによるシナリオ作成ではなく、全員がシナリオを書く力をつけるため、班で場面分担を行った後、一人一人が受け持ちの場面を書き、それをグループで話し合って一つに完成させるようにした。実際には、グループで話し合って、最終的に決めた台詞を新しいシナリオシートに書き直すグループ、台詞を声に出して言いながら人形を動かしてみて、決めるグループなど、工夫が見られた。実際には、一つに決めていくことには時間がかかり、教師が助言をする場面もあった。シナリオを書く場面は、今後総合的な学習の時間などで活用されるだろうから、経験を重ねていくことが大切である。米を研ぐ音を考えたり、水の音を入れたりして効果音を工夫している。子どもたちの想像力に驚かされることが多い。

③ 全部で六場面あるので、三九人を六つのグループに分けた。練習では、これまでに行ってきた朗読劇の経験が生かされている。実際には、人形劇用の舞台を使用するが、練習にはオルガンや机を舞台に見立て、人形を動かしながら、間をとって台詞を言う子ども、離れて動きを見て台詞のタイミングや人形の動きについて助言する子どもなどグループで協力しなければできない練習風景であった。

④ 人形制作のときに、子どもたちは、思わぬアイデアを出した。ごんの首を動かせるようにしたグループ、「びく」の竹籠の感じを出すために細かい網の目の模様にしたグループ、鉄砲の筒口から出る煙を青いセ

ロファンを貼って作ったグループなど、工夫が見られた。効果音も楽器のほかに、複数のＣＤから選んでいる。

### (3) 影絵劇を演じる

第三次では、二年生を招き、影絵劇を演じて、相互評価を行う。

相互に朗読劇を見合うリハーサルを行い、二年生を対象に発表会を行った。発表会を終えての自己評価は、緊張して声がでにくかった、台詞を間違えた、つまってしまった、もっと大きな声が出せるようにしたい、人形と背景を出し忘れてしまった、といった反省とともに、練習以上のものができた、ほかのグループは工夫があった、「てやんでぃ。」などの台詞がおもしろい、自分がするのも人がするのを見るのもおもしろい、と友達から学んで、自分たちもがんばろうという気持ちになったようだ。「けんかもしたけど、力を合わせてうまくできてよかった」「二年生がおもしろかったといってくれてうれしかった」「少しつかえても二年生が笑わないで聞いてくれたのがうれしかった」というかかわり合いの楽しさが自信につながっている。

最終的に、「（劇にして）登場人物の気持ちがよくわかった」「（台詞などを）覚える力がついた」「大きな声を出せるようになった」「台詞を考えて人形を動かすことができた」など、付いた力をメタ認知している。シナリオを暗記して、今度こそもっと練習し完璧に演じたいという意欲につながっている。新しい劇活動に取り組み、子どもたちの表現の幅が広がった。劇活動を通して登場人物の心情を考え、子どもたちの表現力が育成されたといえよう。

## 7 歌を生かした朗読をしよう ――六年生「麦畑」「十四ひきシリーズ」他――

単元「歌を生かした朗読を三年生に発表しよう」――作品のもつ音楽性を表現に生かす――

【対象・時期・指導時間】小学校六年・十一月・一八時間
【教材】
① 旧教科書教材「麦畑」(光村図書出版五年上 アリスン・アトリー作・矢川澄子訳・片山健絵)
② 絵本「むぎばたけ」(アリスン・アトリー作・矢川澄子訳・片山健絵 福音館書店 一九八九年)
③ 旧教科書教材「おむすびころりん」(光村図書出版一年上 上笙一郎作・かすやまさひろ絵)
④『十四ひきシリーズ』全九巻 (いわむらかずお作・絵 童心社 一九八八年)
⑤ 台本「歌しばい 三年とうげ」劇団「現代座」木村快脚色
『国語教室相談室第三号 光村図書』一九九四年

物語の中に歌が生きて、作品のテーマに深くかかわっていることがある。旧教科書教材「麦畑」も、小動物たちの目を通した自然のすばらしさを、体言止めや中止法、比喩表現などを巧みに使いながらリズミカルに表現し、作品全体に歌と音楽が息づいている。小動物たちの自然賛美が歌に象徴されているといってもよいだろう。このような音楽性の高さに着目して、単元構成を考えた。

物語の構造を理解し、表現活動に生かすことを大切にしたい。歌を中心にすえ、ハリネズミをはじめ、自然に感謝しながら一体化して生きる小動物たちの心情の層をセリフと語りに分けることで、作品の構造の理解を深めたいと考えた。子どもたちは、小動物に感情移入をしながら読み進めると思われるので、歌を前面に出し、作曲をして歌ったり、叙述を歌に書き換えたりすることも考えて実践を行っている。実践に当たっては、井上一郎「文学の授業力をつける」[2]と「読む力の基礎・基本――十七の視点による授業づくり――」を参考にした[3]。

## 1　単元の指導目標

(1) 物語の特質の一つとなっている音楽性豊かな表現に注目して、朗読を楽しむことができる。
(2) 語られている内容に、心情や情景描写などいくつかのレベルの違いがあることに気付くことができる。
(3) 歌を生かした朗読表現の方法を知り、原作をシナリオ化したり、発表したりすることができる。
(4) クラス全員が自分の役割を自覚し、協力して三年生に朗読発表をすることができる。

## 2　単元の指導計画

○　第一次

・(1～3)　1　「おむすびころりん」(旧版)を読み、物語の中で歌の果たす役割と自然との関わりを実感する。
・(4～5)　2　歌を効果的に使って、朗読表現をし、三年生に発表するという学習課題を設定し、学習計画を協議する。

○　第二次

・（6～8）　3　自然賛美の世界を描いた作品の構造に気付くことができる。
・（9～11）　4　歌を生かしたシナリオの構造を理解することができる。
・（12～16）　5　個人やクラス全員で歌を巧みに使った朗読表現を完成させ、協力して練習することができる。
○　第三次
・（17～18）　6　クラス全員で三年生に発表し、評価することができる。
　7　学習の振り返りとまとめを行う。

## 3　指導の実際と考察

### (1)　物語と歌

第一次は、物語の中で歌の果たす役割と自然のかかわりを実感し、低学年の前で実際に歌を生かした朗読をするという学習課題を設定する。

①　「おむすびころりん」の文章と歌を抜いた文章を比べ読みし、歌が入ることによって広がる幅の違いに気付かせた。平成四年度版では、リズミカルな再話が行われているので、民話らしい旧版の話を用いることにした。歌が入るほうが、うきうきとした楽しさやリズムが感じられ読みやすい、心に残るなどの感想が出た。

②　次に作品の中に歌が入っている本を読ませた。歌の入っている本は、思ったよりたくさんあり、夢中になって読んでいた。「およげラッコぼうや」（カールストローム作）のように楽譜がついていて、歌いながら楽しむことができる作品に人気が集まった。「もう少し時間をください」と言う子どもの声に、目的をもっ

て本を選んで読む楽しみを感じることができた。その後、登場人物や舞台を整理し、動物たちのかわいらしさとそれを支えている歌の存在を実感した。

③「おむすびころりん」や歌を生かした作品の重ね読みによって、歌があるといかに作品が楽しくなるかを実感した子どもたちに「歌を生かした朗読を考えて三年生に発表しよう」という学習課題を設定し、学習計画を協議した。「歌を生かすには、どのような方法があるか」と考えさせると、子どもたちから、いろいろと変化をつけ合唱する／歌以外の部分を台詞やト書き、ナレーションに書き換える／役割を作り、均等に割り当てる／多目的ホールで行いビデオに記録する、などの意見が活発に出された。

④学習過程を協議する中で、子どもたちは、歌の練習と朗読の練習が抜けていることに気付き、どこに入れたらよいかを話し合った。教師からは、「小さな動物たちの楽しみを探ろう」「歌の入った劇とそのシナリオから書き方を学ぼう」といった学習を追加した。

### (2) シナリオ作成と練習

第二次は、シナリオに書き換えることによって、作品の構造を知ったり、歌や朗読の実技練習を行ったりする。

①十四ひきシリーズを読み、小動物の楽しみを整理した。子どもたちは、この本が大好きで、隣同士で会話しながら見たり、面白さを話し合ったりしていた。以下のように集約した。

> ○みんなで何かをする楽しみ（家族の愛情）○遊ぶ楽しみ　○自然と触れ合う楽しみ　○食べる楽しみ
> ○語り合う楽しみ　○祈る楽しみ　○歌う楽しみ

授業が終わって何日かたっても自分の見つけた楽しみの掲示物を見て、友達と会話を交わす子どもがいたくらいである。次に、「麦畑」のテーマにも関わる、思いがだんだんと高まっていき、やがて自然に浸りきるという作品の構造に気付かせるために、「麦畑」と「十四ひきシリーズ」の楽しみとの共通点を百字程度に書かせた。行動する場所、年寄りと若者が出てくるところ、冒険をするところ、夜や自然の美しさ、仲間や家族、などが挙がっている。

② 教科書教材「三年とうげ」とシナリオを比べて読み、もとの文章をどのように台詞・歌・ト書き・語りに書き換えているかを自己学習した。

○大事なことを短く言っている。○同じ台詞を繰り返して言い、強めている。
○原文に出てこない村人を登場させ、語らせている。○ト書きで具体的な動きを説明している。
○物語の冒頭部の情景描写を歌に換えている。

シナリオと原文のつながりや違いを自分で見つけ出したことは、この後、シナリオ化していくときのモデルにもなり、さらに「歌しばい　三年とうげ」（現代座）のビデオを見せたことで、朗読への意欲にもつながった。カラスの鳴き声とチャンゴの音をおじいさんの歩く速さに重ねている、といった効果音のよさ、歌に作り変えることで出る迫力と面白さ、声の出し方や歌い方の明瞭さも大切であること、などに気付いている。

③ 「麦畑」の教材文ではっきりと歌が出てくるのは、四か所であるが、「口ずさんでいたのです。」といった歌を感じとれる場面が何か所かある。そこを赤でマークしてシナリオの柱にすえた。

**〈シナリオに書き換えるときのポイント〉**

○地の文の中で、動物の心情を表現している叙述は、ナレーションに換える。
○台詞の一部を繰り返し、心情を強調してもよい。
○歌を歌う人数やキャストは、複数にして変化をつける。
○歌を強調するように、話の筋に留意しながら、叙述の一部をカットしたり、自然描写の部分を歌に作り変えてもよい。

こうした学習は初めてであったので、ジャックじいさんに出会うまでの場面を、どのようにシナリオにしていくかを自分の考えを持たせた上で、全体で話し合った。具体的には、原文を書いた模造紙を黒板に用意し、ハリネズミの心情がわかる文に青色、ナレーションにする叙述にオレンジ色の短冊を貼り、全体でそう考えたわけを話し合いながら、一人一人が歌、台詞、ナレーションに書き換えた。何度も短冊の色を見て、台詞やナレーションに書き換えては読み返し、丁寧に取り組むことができた。一匹の小動物に対して、キャストは五・六人決め、そのうち、台詞に応じて声を出す人数を確定したり、どのように台詞を読むのかを話し合ったりした。

④ 個人のシナリオが生かされるように、全員が協議に参加することを大切にした。その過程でもう一度本文に立ち返ったり、友達の考えのよさに気付いたりするこの過程が、クラスで一つのシナリオに練り上げていく過程であり、対話が繰り返される大切な時間である。

⑤ 一番大切にしたのは、聞き手に、だんだんと声を出す人数を増やして、高まっていく自然への思いが伝わるかどうかであった。小さく始める、風のそよぎの効果音を入れる、山場では思い切り全員が楽しんで歌う、最後は、麦の歌を小さくして余韻を残して終わる、などの考えが出された。三年生が楽しみにして

いるという励ましの声に支えられて、自覚的に学習を進めることができた。物語の中の歌に、曲を付け歌ったので、幅が感じられる朗読劇になった。（作曲は児童）

### (3) 歌を生かした朗読表現「麦畑」の発表

第三次では、三年生を招き、歌を生かした朗読の発表会とその評価を行う。

三年生には、①麦畑の風景や小動物たちの気持ちがわかるように、声の音量・速さ・間の取り方、などが考えられていたか、②歌に動物たちの気持ちが表現されていたか、の二点に絞って記述式で書かせた。自己評価には、「まだまだ演じるところまではいかなくて、台詞を言うのがやっとだった、どこを見たらよいのか困った、緊張のあまり声がひきつった、など、聞き手を感動させる朗読の難しさを実感したようだった。しかし、ビデオに撮って視聴することで、自分の声や視線、表情などを振り返ることができ、次はもっとこうしたいという意欲につながっており、前向きな反省であるととらえている。

自己表現力を身につけた子どもたちは、この後、「宮沢賢治ガイドブック」を編集したり、「卒業記念ビデオアルバム」をつくったりしている。自己表現の楽しさと、友達と協力して一つの作品を完成させる喜びを実感したことも影響している。全員で表現し、伝えていく楽しさは、何物にも変え難い。

実践を行ったのは、阪神・淡路大震災から一年半後であり、震災を体験した傷を抱えている子どももいる中での忘れられない実践である。

（実践時は、学校週五日制ではなく、授業時数が現在とは違う中での実践である。）

## 8 読む力を育てる　文学的な文章の授業アイデア

### 1　カレンダーを創る

カレンダーは、日付けと曜日を知らせるもので、日めくり・一月ごと・二月ごと・半年ごと・一年ごと、といった区切りがある。季節に合わせて、風景や人物などの写真、絵、版画、詩、との組み合わせで、壁にかけたり机上に立てたりする。その時間の区切り、季節性に目を向けたとき、カレンダーは、さまざまに創造を刺激する。

例えば、季節がストーリー展開や人物の心情表現に大きな役割を果たしている作品がある。杉みき子は、『かくまきの歌』や『わらぐつの中の神様』などの作品で、雪国の人と人との温かい心の交流を描いているし、いわむらかずおは、十四ひきシリーズで自然の恵みを受けて生きるねずみの家族を生き生きと描いている。また、季節の行事も取り入れて作品のテーマとなっている。こういった特徴をカレンダーと結び付けると、子どもたちの読書行為と関連して、創造力を育てる活動が生み出されるのである。

カレンダーを創るとき、作品を読んで季節に合わせて分ける、選択する、模索する、新しいカレンダーというテキストを再編成する、といった思考が働く。カレンダーの日にちと組み合わせるのは、絵であったり、詩であったり、物語の書評や感想や粗筋であったりする。何の力を付けるのかが、国語科では求められるので、発達段階に合わせて指導事項を明確にして指導することが必要である。日付けという質の異なるものと出合い、新しい創造物を創り出す。アイデアを凝らして、何をどのように組み合わせるかを考えたい。

単に、日にちの部分に合わせるのではなく、読んだことで想像力が働き、創造的な模索や思考が起こり、新しい創造物ができるという、その過程全体に自分が反映される。それを大事に学習過程を構想したい。

## 2　本を紹介する

本の紹介の方法にはいろいろな形がある。ポップ・本の帯・リーフレット・読書紹介カード・すごろく・ペープサート・マップ・読書新聞・読書郵便、など「書くこと」で紹介する方法、ブックトーク、ストーリーテリング・語り・読書発表会、など「話すこと・聞くこと」と関連させて紹介する方法の大きく二つの紹介の方法に分かれる。現場でも、読書紹介は多く取り組まれているが、井上一郎は、活動内容が教科書に掲載されているものが大半であるとし、多様な読書紹介活動を考えていくことが必要であると述べている。また、「教師が子どもに付けた能力を明確に持った上で子どもの興味・関心を生かし、取り組むこと」が大切であるとし、読書と密接につながる国語能力を十五点挙げている[4]。大切なことは、本を読んで何を、どのように書くのか（話すのか）、分量（字数）や時間、紹介の手立てを、目的意識、相手意識を明確にすることである。井上は、紹介の基本要素として十三項目を挙げている[5]。

| |
|---|
| ①主人公の紹介・状況説明　②転機となる事件　③粗筋・主な内容　④次を期待させるような終わり方<br>⑤作者・筆者の思い　⑥作者・筆者の紹介　⑦読んでほしい場所　⑧読んでほしい時　⑨読んでほしい人（年齢）　⑩本文の引用　⑪テーマ　⑫作品紹介語彙　⑬紹介者の思い |

他にも　〇物語の山場　〇続編　などが考えられる。

ドイツ・ベルリン州立学校・メディア研修所が開発した、「ＰＩＳＡスーツケース」と名づけた、子どもの読書力を高めるための指導の方法や実践のための教具が入ったケースがある[6]。「本のショーウィンドウ」「読書の小箱」・「緋色の糸」・「読書ロール」、などが読書紹介ツールとしてケースに入っていて、教員研修会で使い方を学び、各学校に持ち帰って実践する形をとっている。日本では、文部科学省国語科教科調査官水戸部修治が山形ワーキングチームとともに、研究開発と実践を行っている[7]。

## 3　伝統的な言語文化・古典の授業

「まだあげ初めし前髪の　林檎のもとに見えしとき　前にさしたる花櫛の花ある君と思いけり」もう四十年以上も前に学んだ島崎藤村の詩がいまだに口をついて出てくることがある。林檎畑は知らなくても、短い詩から伝わってくる情景と流れるようなリズム感。学んでいた教室の風景までもが浮かんでくる。何を教えられたわけでもないが、心にすっと入ってきたのである。確かに日本語の美しさやリズムを感じ取っていた。

平成十六年二月「これからの時代に求められる国語力について」（文化審議会答申）や学習指導要領の改訂を受け、学習指導要領に、「伝統的な言語文化と国語の特質に関する事項」をもうけ、言語文化に親しむ態度を育てたり、国語の役割や特質についての理解を深めたり、豊かな言語感覚を養ったりすることとして、発達段階を踏まえて一年生から指導することとした。特に伝統的な言語文化に関する指導事項として以下のようにあげている。

小学校第一学年・第二学年
○　昔話や神話・伝承などの本や文章の読み聞かせを聞いたり、発表し合ったりすること。

小学校第三学年・第四学年
○　易しい文語調の短歌や俳句について、情景を思い浮かべたり、リズムを感じ取ったりしながら音読や暗唱をしたりすること。

○　長い間使われてきたことわざや慣用句、故事成語などの意味を知り、使うこと。

小学校第五学年・第六学年

○　親しみやすい古文や漢文、近代以降の文語調の文章について、内容の大体を知り、音読すること。

○　古典について解説した文章を読み、昔の人のものの見方や感じ方を知ること。

声に出して読むことを中心としながらも、楽しく取り組む古典の授業のあり方やアイデアを述べたい。

### (1)　小学校　伝統的な言語文化・古典の授業の考え方

小学校では、声に出して読み、親しむことが中心となるが、中学校になると、古文となり現代仮名遣いへの変更、語句の意味理解、解釈といった広がりを見せる。この校種間に段差が生じないような指導が必要である。そのためには、子どもたちが自分の視点でもって主体的に古典に触れ、楽しみながら言語活動を行うことが求められる。長年継承されてきた美しい言葉や物、自然に感動したり、感じたことを豊かに表現したりしてきた先人の感性や感情、情緒を感じ取ることは、生活を豊かにし、人間の生き方や価値観にも影響を及ぼす。古典の学習を通して、わが国の時代を越えても変わらない人間の強さや弱さ、やさしさ、たくましさ、明るさ、はかなさ、悲しさ、喜び、楽しみ、驚きなどもうかがい知ることができる。時代背景や様子を知ることにもつながる。生きるための知恵もある。今生きている自分の心や目を通して、先人の行き方や考え方をみる。考える、そのことが現代を生きる自分の、実社会や実生活を見つめ考える「生きる力」につながり、言語文化を継承していくこととなるものである。

子どもたちに、身近なものとしての古典を楽しむ活動を幅広く考え、豊かに行うことが必要であり、小学校では古典への入門期として、自分と関わらせながら楽しく興味をもって学習できるように構想したい。

【単元構想のポイント】
① 目的意識・相手意識をもった言語活動を考えること。
② 先人のものの感じ方、見方、考え方と自分を結び付けてみること。
③ 校歌や唱歌など文語調の歌詞に触れたり、歴史学習・地域学習の中でも学習したりするなど、音楽、社会科、総合的な学習の時間など他教科や時間との関連を図ること。

**(2) 伝統的な言語文化や古典を題材とした授業実践とアイデア**

○ 文語調の校歌や唱歌、昔話、地域の伝承・伝説を味わう。

「われは海の子」「ふるさと」「花」などの唱歌を歌うとき、ぜひ歌詞から受けるイメージや浮かんでくる情景にまで目を向けたい。低学年では、現代語や方言で語り継がれてきた昔話に触れさせる。「ももたろう」「うらしまたろう」ほか地域に語り継がれてきた伝説や民話などを読んだり、覚えて語ったりする学習が考えられる。中学年・高学年では、地域の伝説や伝承を基に再話を行ったり、地域が輩出した俳人や作家などを調べ、その作品を紹介したり、マップにまとめたりする学習も考えられる。発表会や展示会をもち、相手意識や達成感をもたせることが大切である。

○ 目的をもち、バリエーション豊かに音読を考える。

古典の楽しみ方の一番は、声に出してその響きやリズムを感じ取ることである。数多くの実践が発表されている。子どもたちがただ、順番に音読していくだけでなく、どのような表現活動を行うのか、対象はだれか、どのような場を設定するのか、などを考え丁寧に構想したい。

○ 年間を通した取組を考える。

高学年では、リズムがよい、共感できるなどの観点を決めて心に響いた俳句や短歌を集めアンソロジーを編んだり、簡単な解釈をしたり、創作をしたりする学習が考えられる。年間を通して、短歌や俳句、文語調の文章・及びその一部を集める取組は、子どもたちに古典に親しませる機会となり、中学校へつながる意欲となる。

**アイデア1　異学年の子どもたちを招いて音読発表会を行おう**

① 取り上げる教材
昔話・地域に伝わる民話や伝承・物語など

② 指導の過程と工夫
第一次
・教科書教材と関連させる。子どもたちの実態から導入を図る。
・学習課題を明確にし、学習計画をたて、見通しをもつ。
第二次
・話の筋を要約して聞かせたり、作者の紹介をしたりして、時代背景や話のおもしろさを聞き手に分かりやすく解説するなど、作品世界に誘う工夫をする。
・読み方・語り方・表情などをモデル学習する。（ビデオ視聴やゲストティーチャーの活用）
・一人・二人・グループ・学級全体など、人物の行動や心情に応じて読む人数を工夫する。
・教材の特質によっては、役割読みをしたり、地の文と会話文を読み分けたりする。
・音読記号を使い、読み方を工夫する。
・必ず練習やリハーサルを行う。
第三次

・異学年の子どもたちや保護者に聞いてもらうことで相手意識をもたせる。
・琴や笙などの入ったＢＧＭや効果音を入れる。
・屛風のある和室で発表会を行うなど発表会の雰囲気をつくる。
・発表会の看板・司会進行・挨拶などの役割分担を行う。

**アイデア２　音読ノートを作って、毎朝声に出して読もう**

①　取り上げる教材

短歌・俳句・文語調の詩・古典の物語・狂言など

②　指導の過程と工夫

第一次

・千代紙で飾った小型のノートや和綴じのノートなど古典の雰囲気のあるノートを用意し、そこに短歌・俳句・文語調の文章などを集めカードに書きため、その中から選んで音読するという一年間を通した取組であることを伝える。

第二次

・カードに書きためたものの中から、心に残ったものを選んでノートに整理する。その際、どういう点が心に響いたのかを、叙述・言葉・リズム・作品世界・情景・メッセージなどのコメントとして二百字の文に書く。

第三次

・朝の会などで、クラスのみんなに紹介したり、グループで交流したりする。一斉に音読や群読したりすると、書きとめた時には気づかなかった情景や作品世界が感じ取れる。

学校図書館や学級文庫に、古典を取り上げた本や雑誌、資料や百人一首を置いたり、家庭の協力を得たりして、日頃から古典にふれる環境づくりを心がけるようにすることが大切である。

**アイデア３　一回に十枚の百人一首のかるたとりを継続して行おう**

①　取り上げる教材　百人一首　②　指導の工夫

・枚数を少なくすることで、初めて取り組む子どもたちも無理なく参加でき、達成感を味わうことできる。
・読み手は、教師や係の子ども、グループで順に行うなどが考えられる。
・特定の子どもに偏らないように配慮する。
・一年間を通した取組で、最終的には百人一首大会を行うことを目標とする。（六年生百人一首クィーン・キングをめざそう）
・同じ中学校に通うことになる、他の小学校でも取り組んでおり、中学生になり開かれる百人一首大会は、盛り上がるという。
・冬休みに家庭でも、百人一首を行ったり、地域のお年寄りを招いて大会を開いたりすると楽しい。
・百人一首かるたの楽しみ方は、いろいろとあるので声を出すことを中心に小学生にもできる楽しみ方を考えたい。

**アイデア４　様式を知って俳句や短歌をつくろう**

①　取り上げる教材

・「つぶやきを言葉に」（光村図書出版四年下）
・「詩をつくろう」（石毛拓郎著　大和田美鈴イラスト　さ・え・ら書房　一九九三年四月）

② 指導の過程と工夫

第一次
・詩を創作した経験を思い出し、好きな作品を声に出して読み、詩を創作するときの視点やこつを協議する。
・「心のカメラマンになって〜書きたいところをズームアップ〜」という学習課題を設定し、学習計画をたてる。

第二次
・学校や帰り道、行事などの体験や観察から、集めた詩の種（たね）を交流する。
・俳句という伝統的な文化の様式を知り、教師が紹介した俳句のリズムに親しむ。
・詩と俳句の違いについて、資料をもとに考える。
・集めた詩の種をもとにでき上がった詩を、俳句に書き換える。

第三次
・できた俳句の中から、特にお気に入りの作品を墨と筆を使って短冊に書く。
・短冊に書いた俳句を発表し合い感想を交流する。
・○年○組俳句集を作る。

③ 指導過程と考察

遠足やキャンプ、子ども祭りなど学校での行事、運動、遊び、授業、など、一年を通じて日常的に詩を書いている。詩人の詩に多くふれることで、初めのうちはなかなか書けなかった子どもたちが、書くようになってきた。①いつもと見方を変えてみる、②視点を変えてみる、③五感を働かせてみる、④何かになりきってみる、⑤オノマトペを生かしてみる、⑥何かに例えてみる、などの詩を書くこつを示すことで、表現する面白さを感じたようだ。詩を俳句に書き換えるには、伝えたいキーワードに着目して、五・七・五音にあてはめることから始めた。①とにかく十七音に当てはめていくつか考えてみる→②もう一度詩を書いたときの驚きや感動を思い出し、心を研ぎ澄ませて新しい言葉をつかったり、別の言葉を考えたりする→③順番を入れ替えて一番心にぴったりする言葉を選び、何度も声に出して確かめながら決定する、という過程をたどる。俳句を鑑賞することや、声に出して読んでみることを並行して行いながら、詩をもとにしなくても、指を折り、言葉をちりばめて選びながら俳句をつくることができるようになる。子どもの感じたことが素直に表現できていればよい。

ゆきだるま　二人でぷぷっと　にらめっこ（児童作品）
シャリシャリと　いい音いうね　かきごおり（児童作品）

第三次で短冊に俳句を毛筆で書き、俳句集をつくるという目的をもっているので、年間を通して詩を書き、俳句を作るという活動に意欲的に取り組むことができた。

他にも修学旅行や自然学校などの楽しさや発見を俳句によみ、巻物や句集をつくることも可能である。事前に伝えているので、感動をその場でメモしたり、すぐに俳句をつくったりしようとする子どももいる。修学旅行新聞に俳句を入れながら写真や切符を貼り、説明する活動も考えられる。また、卒業までの一年間の様々な出来事を俳句にして残し、俳句集や巻物にまとめると、思い出の、世界に一つしかない作品となる。

地域で開催されている俳句祭に応募してみることも楽しい。

## アイデア5　俳句や短歌によまれた情景や作者の心情を想像して、現代語訳に挑戦しよう

情景や心情を想像するには、よまれた時代背景や生活背景、作者のおかれている立場や境遇、役割などを理解することと、自分がその作者だったらという想像力を働かせ、イメージすることが大切である。そして、自分というフィルターを通して自分の言葉で書く。

六年生ともなると、歴史学習も始まり時代背景を理解することもできるようになるし、自分を意識し、ものの感じ方考え方も個性的になるので、そうした学習も可能となる。想像力を発揮するてがかりとして、同じ俳句や短歌を違う訳者が、どのように訳しているのかを比べ読みをしてみるとよい。比べることで、訳にもいろいろあることが分かり。自分なりに想像力を働かせて考えればよいことに気付く。

ひさかたの光のどけき春の日に　しづこころなく花の散るらむ

百人一首より　紀貫之

現代語訳（A）

うららかな春　日の光のどかに　はるかかすむ空
遠い鳥のさえずり　あるかなきかの風
この柔らかな　静かな午後を　音もなくかき乱すように
ちらちらと　ちらちらと　やすみなく
桜の花が散りつづける
待ってくれ　花たち　なぜ　そのように急ぐのだ
とどまってくれ　もうほんの少し　いまという　時のなかに……

現代語訳（B）

万物ことごとくうららかに　のんびりと日の照っている
春の日なか　桜の花が　枝を離れて土に散るのは
花にきっと落ち着いた気持ちがないからであろう
思えばいぶかしい

比べてみると、言葉の意味をとらえ現代詩に訳しているだけでなく、情景や解釈する対象の気持ちをそれぞれに想像して補い反映させていることが分かる。

**2　伝統的な文化の継承・発展につながる古典の学習**

俳句や短歌がよまれた背景を理解し、親しみ、自分の感性で自分の想像力を駆使して現代語に訳していく過程が、子どもたちの言葉を育て、伝統的な文化を継承し未来へつなぐ力となるだろう。

古典を過去のものとせず、自分につながり自分にかかわるものとして、親しみ学ぶことが大切である。自分を少し突き放して自分の心を見つめて、気持ちを確かめながら古典を音読し、創作してみる。いつも見ている日常が違って見える。心に響いた一瞬を切り取って俳句や短歌をよんでみる。また想像してみる。古典は、子ども達の心を育て生きる力や成長につながる、古くて新しい世界なのである。

【参考文献】

（1）實方清・水田潤編著「日本文芸の本質と体系」『日本文芸論』ミネルヴァ書房　一九八〇年
（2）有働義彦編『百人一首』学習研究社　一九九六年
（3）吉原幸子『百人一首』平凡社　一九八二年
（4）再掲（2）

# 第二節　説明的な文章を読む

## 1　科学系テキストの部屋

科学系テキストは、子どもの「ふしぎ」や「なぜ」「なに」に答えるため、どちらかといえば知識を付ける本と受け止められてきた。だから、想像力を刺激することはあまり重視されなかった。しかし、むしろ文学とは違った意味で積極的に子どもたちの想像力や想像にかかわる創造力を育成する資料となるものなのである。自然科学系、社会科学系、人文科学系と領域は多様であり、そこには、「知識」を創り出した人々の想像力・創造力が豊かに織り込まれているのである。ここでは、科学系テキストである、説明・解説、評論・論説、報告・報道、伝記、随筆・随想、事典・図鑑、絵画・写真・テレビなどの映像を取り上げる。それぞれの特質を生かした独特の想像力の働かせ方があるだろうから、その種類と想像を刺激する方法について述べていこう。

### (1)　説明・解説

説明・解説は、相手の疑問や質問に対して、必要な知識や情報を伝えることに主眼がある。経過説明、結果説明、趣旨説明、書籍・新聞・雑誌の解説、スポーツ解説、ニュース解説などがあり、他にも、機械・薬などの説明書、各種案内、辞典や事典の説明、試験問題・展示品の解説、などがある。疑問に答えようとするとき、想像力は働く。対象がどのような機構によって構成されているのか、どのような原理や法則によって機能しているのかを推測・推理することは、想像力によってしかなし得ないことであろう。それらを追体験する読者も想像力を刺激されることになる。

対象の機構や原理・法則を明らかにするだけでなく、他者の理解や説得を考慮して説明・解説を行おうとすれば相手の意識に配慮するために、ここにも想像力は働くのである。

### (2) 評論・論説

評論は、ある事象に対して評価を加えて論じることであり、その評価を踏まえて行動を喚起するのが論説である。さまざまな事象が対象となるので、文芸評論家、美術評論家、音楽評論家、教育評論家、政治評論家、歴史評論家など、さまざまな評論の専門家とジャンルが存在する。書評や論評、批判文は、評論である。新聞などの社説や論壇などは、論説である。それぞれのジャンルによって筆者としてのかかわり方や論じ方が違ってくる。

科学系テキストは、なぜを説く読み物であるから、疑問をもってそれについて評価をしたり、意見をもったりする過程で想像力を働かせたり、論理立てて体系に深く分け入って考えたりすることの全てが、想像力を刺激する。

ある事象に対して、なぜその問題が起こったのか課題意識をもち、予想し、自分は賛成か反対か調べたり資料を読んだりして考える。そういった過程全体に想像力が働くのだ。読んだ本に対する書評を書いたり、合評会を開いたりするなどの活動を通して、自己形成を図ることもできる。新聞や雑誌の評論・論説もテキストとして活用したい。

### (3) 報告・報道

報告は、調べたことや体験したこと、あるいは行った任務についてその経過及び結果を知らせたりすることを言う。ある目的のもとに行われる限定的な活動である。一方、報道は、社会や自然界の事件や現象などから問題点や話題を拾い出し、多くの人に広く伝達するという使命をもつ。伝える内容は、記者の側の取捨選択によるので、受け手側の適切な判断が必要となる。画像による伝達には、写真、映画、テレビ、インターネットなどがあり、言語を中心とした伝達には、新聞、雑誌、音声を中心とした伝達には、ラジオなどがある。

### (4) 伝記

伝記とは、個人の一生を、業績や出来事、発明、エピソードをちりばめながら書き表した記録的文章である。選ばれる人物としては、歴史的に業績を残した人物、文学者、大きな記録を達成した人物などさまざまである。その人物が生きた時代や環境において、何を考え、何をしたかという視点から読むことが多い。困難や苦しみに負けないで生きる姿や生き方から、その人となりを想像し、感動したり、刺激を受けたり、人物といっしょになって問題を解決する気持ちになったりする楽しみがある。なお、伝記には、短くまとめた抄伝や評価を加えた評伝、さらには自分自身がまとめた自伝などがある。

人物の伝記を読み、感想や評論を書いたり、経歴表（年譜）を作ったりすることは、人生について想像を巡らせ、ひいては自分の生き方について考えることになる。人生についての価値を考え、よりよい生き方の追求には、人生創造という大きな思考が働くのである。

### (5) 随筆・随想

随筆や随想は、自己の内省、自己反省といった側面をもつ。エッセイ、写生文、日記、書簡、コラムなどがある。対象となる事象や事物から刺激を受け、自分の感性や主張を文章にしていく過程全体において想像力が刺激される。想像力が働いて、自己が顔を見せるきっかけとなる。視点の提示の仕方が創造の深さを左右すると言えよう。

①身近な自然を見る、観察する。
②日常の出来事をそのまま素直に自分の目で見る。
③いつもと視点を変えてみる。（低い視点で・視点を近くから遠くへ・近くで）
④一つ、ないしは複数の情報から、感じたことや考えたことを書く。

などの視点を発達年齢に合わせて提示していくことが必要である。自己を見つめ内省することは、自分自身を向上させようとする自己創造につながる。随筆家の文章から、視点や切り口を学ぶなど、書くことと組み合わせて学習過程を豊かに構想したい。

### (6) 事典・図鑑

自然の事物・現象や社会の出来事・事象を幅広く体系的に捉え、説明するのが「事典」や「図鑑」である。カラー写真や図解、図表、写真資料などにより、分かりやすく視覚に訴えるビジュアルなものが多い。

図鑑は、取り上げる題材から動植物図鑑・乗り物図鑑・昆虫図鑑・星座図鑑、などに分けられる、作り方から、パノラマ図鑑・輪切り図鑑（クロスセクション）・足型図鑑・

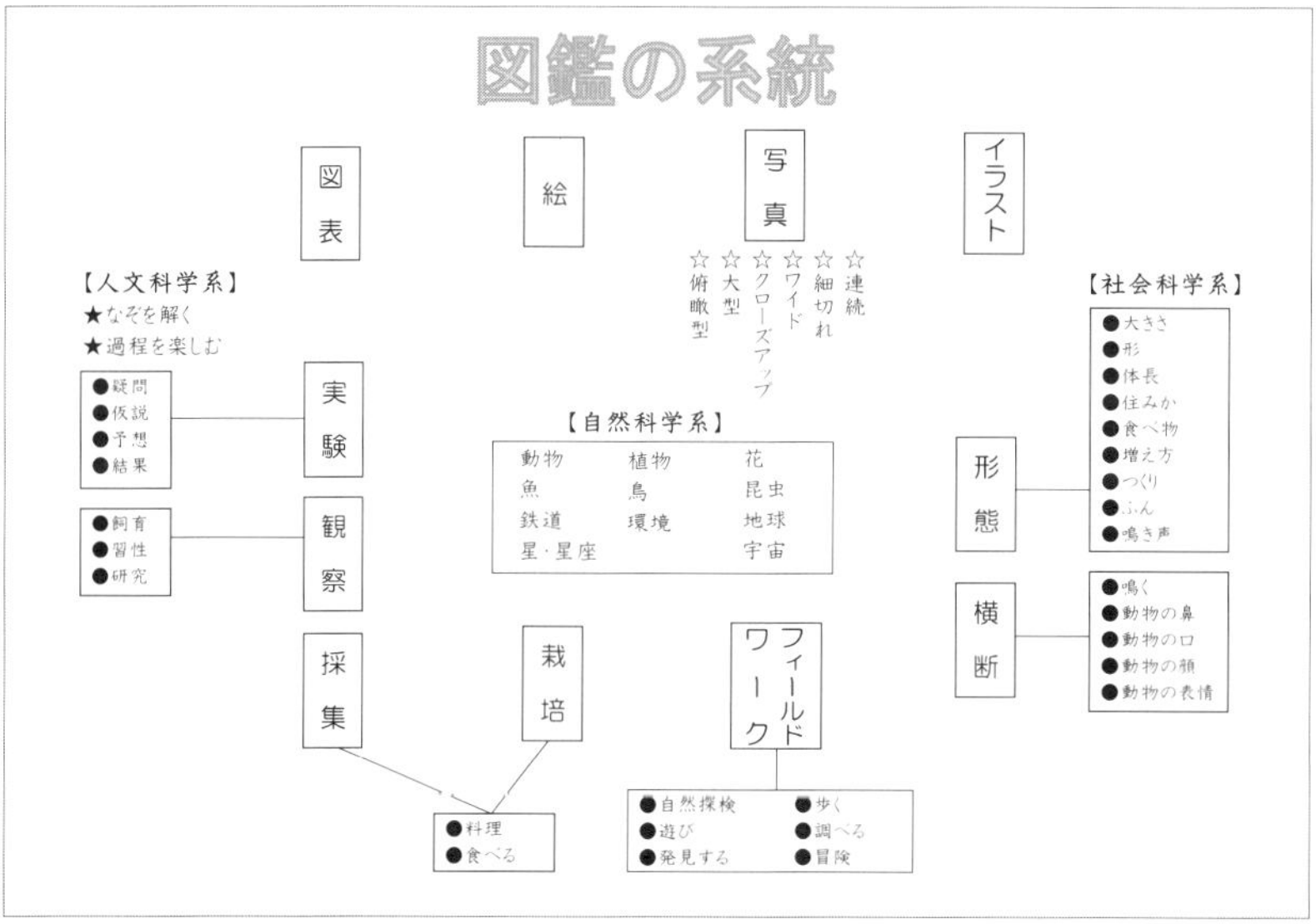

ぱらぱら図鑑・電子図鑑・大型図鑑、などがある。このような内容や取り上げられている項目に従って全体化すると、次のようになろうか。

取り上げる題材を何にするか、作り方を何にするかという点を決定すれば、いろいろな事典や図鑑ができる。物や人や現象を見る視点の面白さを実感し、系統的に段階的に分類しながら見る、という認識力や想像力を育てることになる。また、読み手を引き付ける視点の決め方、編集の仕方、キャプションの付け方などを考える過程では、再構成するという思考力が働く。

### (7) 絵画・写真・テレビなどの映像

映像には、絵画・写真・マンガ、などの視覚メディアと、テレビ・映画、インターネット、などの音響・音声言語・文字言語が合わさった表現メディアがある。絵画、写真、テレビに描き出される内容に対して、発信する側と受け止める側の体験や思いが合わせられる。科学系テキストは、「なぜ」という疑問や質問に対して、読み手の予想や興味を引き出しながら実験・観察・考察するので、具体的に目で見て分かる絵・写真などの活用の意義は大きい。キャプションを付ける、解説や説明をする、感想を書く、など文字言語と関連させたり、メディアを変換したりする過程で、連想や思考、抽象から具象へといった想像力が働くだろう。また、ニュース番組や天気予報番組をつくるといった活動には、キャスター、解説者、コメンテーター、カメラ・音響といった役割を理解し、協力して創造する楽しみがある。

## 2 科学系テキストからのメッセージ

### (1) 科学系テキストから広がる想像力

書店の科学読み物の書棚には、「○○のひみつ」「○○クイズ」「ふしぎ」「ぎもん」といった言葉が並ぶ。中でも一番身近な科学系読み物は、絵本である。科学絵本は、『『なぞとき』のおもしろさ、科学を作ってきた人たちの『人間のすばらしさ』が分かるような物語であったり、予想をもって自分の頭の中でイメージさせ読者に問いかける」と、鳥越信は述べている[8]。

絵本は、翻訳絵本、知識絵本、科学絵本シリーズ、科学遊び絵本などに分類できる。謎を解こうとするとき、そこにはまず問題意識があり、解決に向けて考え、筆者とともに追求、検証しようとする。思考力、認識力が働き、まさに追求の過程全体に大きく想像力がかかわっていると言える。

また、よく見かける植物を詳細に描いたり、動物の生態を説明したり、自然現象を科学的に教えてくれる科学絵本は、「読者自身の日常世界の再発見」をさせてくれ、「まだ知らない新しい事物や現象の存在について見出していく面白さ[9]」を与えてくれる。拡大、縮小、連続、クローズアップ、ワイド、ミクロ、マクロ、などで描かれる視点の変化そのものが、想像力なのである。絵や写真、図が大きく影響していることは、言うまでもない。科学を作ってきた人たちの、人間のすばらしさ、生き方のすごさ、エピソードのおもしろさは、読み手に感動を与え、自分の生き方や人生を考える契機となる。それは、向上心や意欲となって読み手の人生創造につながるのである。

鳥越信は、作り手の科学観・絵本観が反映し、「解説型」と「問題意識を持って問いかける型」の二種類に科学絵本としてのストーリーが分かれると指摘している[10]。想像力の育成という点からも、どのように問題意識をもたせて、絵・写真・文と読み手の主体性をかかわらせるかが問われている。さまざまな切り口や特性があるが、ここでは、想像を刺激する科学絵本を想像力とその指導という観点から紹介する。

## 二枚の絵から考える

空想美術館『二枚の絵』

これは、子どものための本ではない。

しかし、いろいろなパターンで二枚の絵を選び、美術随筆を書くという発想から学ぶことは多い。「取り合わせることによって、何か新しいものが見えてくることがある」それは、まさに想像を駆使した創造にほかならない。美術の鑑賞の方法として、随筆の書き方としてモデルとなる。「二枚の写真から」と題して、昔の写真と今の写真、冬の風景と夏の風景など、選んで比べるところから想像は始まる。

**高階修爾・平山郁夫・丸谷才一・和田誠編　毎日新聞社　二〇〇〇年五月**

## 身の回りを見つめなおす

植物図鑑『野の草花』

毎日見ているからといっても、いざとなると思い出せないものだ。畑・野原・田んぼ・水辺・空地・道端に目を向け、丁寧に植物を描いている。「こんな草や花を見たことがある」という気持ちになる。

自分が観察して描いた絵と比べたり、一つの場所を季節ごとに継続して、定点観察をしたりして、変化を楽しむ。比較や変化の観察が、すでに想像を刺激している。実のなる草花・つくりが同じ花などを探したり、調べたりして図鑑を編むこともできる。

**古矢一穂ぶん　高森登志夫え　福音館書店　一九八二年十月**

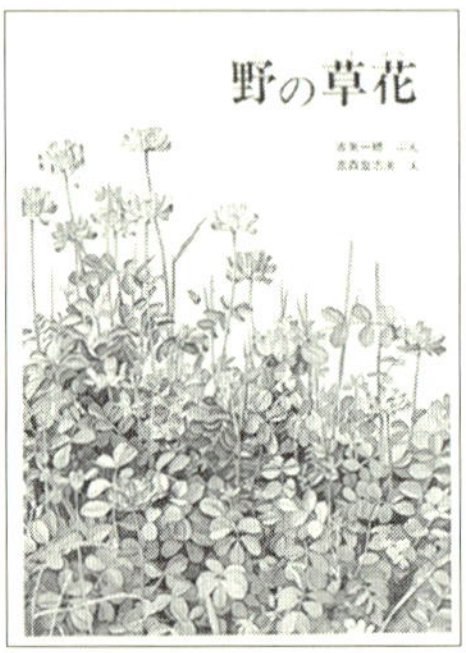

## 見えないところを見る

輪切り図鑑『クロスセクション』

見えないところを見てみたいという思いは、だれにもある。この図鑑は、船や建物の見えないところを、輪切りにして見せてくれる。部分部分について引き出し線があり、文章によっても微細に説明されている。説明は、やや難しいところもあるが、絵に助けられて読み進めることができる。「もし、マンションを輪切りにしたら？」「ありの巣を輪切りにしたら？」子どもの想像力は、広がるに違いない。

**スティーブン・ビースティー画　リチャード・プラット文北森俊行訳　岩波書店　一九九二年**

## 記述の違いを比べる

伝記絵本『雪の写真家　ベントレー』

顕微鏡写真を使って、雪の結晶を撮り続けたベントレーの一生を一ページの中に二種類の書き方で表現している。左側には、客観性を大切にし簡潔に書いた解説風の文章。右側には、子どもに分かりやすく、エピソードに焦点をあてて書いた文章が、対照して記述されている。二種類の文章があることで、ベントレーの一生に奥行きが生まれる。また、二種類の文章を比べることで、人物の一生の描き方が多様であることが実感される。エピソードから客観的な表現への書き換えもできる。

**作／ジャクリーン・ブリッグズ・マーティン　絵／メアリー・アゼアリアン**
**訳／千葉茂樹　BL出版　一九九九年十二月**

## 3 「意見」「論説」の定義づけと指導の課題 ——系統を意識して学校全体で指導する——

学習指導要領の基本方針において「言葉を通して的確に理解し、論理的に思考し表現する能力、互いの立場や考えを尊重して言葉で伝え合う能力を育成する」ことが重視されている（中央教育審議会答申平成二十年一月十七日）。本項では、小学校と中学校において「意見」と「論説」を中心に、論理的に思考し表現する力の指導の系統と課題を考える。

小学校において、自分の課題を解決するために、記録、報告、解説の文章を、中学校においては、評論、論説、報道、などの文章や資料を読み、論理的な文章を書くことを通して、自分の考えを形成していく系統がある。

①「意見」から「論説」へ続く指導の系統があること、②「読むこと」の領域と「書くこと」の領域の両方にかかわる力であること、の二点を認識し、九年間で螺旋的、構造的に指導したい。

### (1) 「意見」と「論説」の系統

小学校学習指導要領において「読むこと」における「説明的な文章の解釈に関する指導事項」の項目には、以下のような流れがある。

| | |
|---|---|
| 低学年 | 時間的な順序や事柄の順序などを考えながら内容の大体をとらえて読むこと。 |
| 中学年 | 目的に応じて、中心となる語や文をとらえて段落相互の関係や事実と意見との関係を考えて読むこと。 |
| 高学年 | 目的に応じて、文章の内容を的確に押さえて要旨をとらえたり、事実と感想、意見との関係を押さえ自分の考えを明確にしながら読んだりすること。 |

低学年で、日常経験したことや観察したことの時間的な順序をとらえた文章を読んだり、事実の中に自分の感想や意見を書いたりすることが、まず論理的に考える出発点である。自分の考えが明確になるように、段落相互の関係や事実と意見の関係に注意して、自分の考えを明確にする中学年を経て、高学年になると事実と感想、意見との違いに目を向け、意見や解説の文章や資料を自分の意見を明確に表現するために読む、といった段階を踏んで力を付けていく。伝えるという視点から、相手意識をもつことも指導事項に挙げられている。

内容としては、身近な出来事から、学校生活における様々な問題に対する具体的な提案や主張を行うところまで、対象と自分の意見をはっきりさせて書く学習活動が求められる。

中学校においては、

| | |
|---|---|
| 一年生 | 文章の中心的な部分と付加的な部分、事実と意見などとを読み分け、目的や必要に応じて要約したり要旨をとらえたりすること。 |
| 二年生 | 文章全体と部分との関係、例示や描写の効果などを考え、登場人物の言動の意味などを考え、内容の理解に役立てること。 |
| 三年生 | 文章の論理の展開の仕方、場面や登場人物の設定の仕方をとらえ、内容の理解に役立てること。 |

とある。二年生では、説明や評論などの文章を読み、内容や表現について自分の意見を述べること、三年生では、論説や報道などに盛り込まれた情報を比較する言語活動を通してそれらの力を付けることになる。

具体的には、地域や社会の中にも題材を広げ、自分にかかわらせて意見や論説の文章を読んだり書いたりする学習が考えられる。「読むこと」と「書くこと」の両方の領域を関連させて、「意見」と「論説」を指導することにより、一層論理的に考え表現する力を高めていくことができる。

れる。

## (2) 「意見」と「論説」指導の課題

「意見」と「論説」に関係する「読むこと」と「書くこと」の指導事項をみていくと、いくつかの関連がみられる。

例えば、「図表（やグラフ）などを用いて」書くという指導事項が、小学校高学年でも、中学校一年生でも取り上げられている。また、「引用」も小学校高学年と、中学校三年生で取り上げられている。自分の考えを伝えるために用いることから、読み手を説得するためや自分の考えの根拠を明確にするために用いることへと高まっている。発達段階に応じて指導することが必要だ。文章構成の確かさや、読み手を意識した文章や表現などを効果的に用いることができるのが中学生である。目的に応じて、引用する本や資料を探す範囲も広がり、映像やインターネットを使った情報検索など調べる種類も増えていくことだろう。読む本や資料が増えれば、それらを目的に応じて取捨選択する能力も必要になる。本や資料などを読んで、調べて引用し、論理的に文章を書く力は、実生活において生きて働く力となる。小学校で学んできた意見の書き方や引用の仕方を踏まえて、さらに相手分析を行い、説得力のある論理的な文章を書き、発信する力を付けていく。螺旋状に反復を行いながら、論理的文章を読んだり書いたりする力を付けたい。

## (3) 「意見」から「論説」へ

自分の考えをもち、伝える、自分の考えを入れて書くということから、内容の是非について論じ読み手を説得したり、読み手に共感や支持を求めたりするところまで、「論説」はねらいをもつ。一貫して自分の考えをもつ。指導にあたっては、学習過程の中で次の事柄に留意したい。

### ① 新聞記事を活用する

新聞記事には、政治・スポーツ・文化・生活・社会・家庭・地域、などにおける様々な出来事、問題を記者が取材し、事実と考え記事にしたもの、また専門家の意見や論説、コラム、読者による投稿欄などがある。社説は、論説の代表である。自分の考えを支える根拠として、自分の考えを論じるきっかけとして、社説や投稿記事からの引用、参考の資料とすることができる。同じ事実を基にした意見であっても、書き手によって、意見が違うこともある。そうした顔の見える社説を比べて読み、自分の考えを述べることは、思考力を高めることになる。

### ② モデルとなる文章を示す

教科書教材、新聞の社説等をモデルとして、文章構想、文章構成、記述など、論の展開の仕方や記述の工夫を学び、論理的に書くことが考えられる。説得力のある共感を生む文章とはどのような文章なのか、構成のポイントや記述の工夫を自己学習できるようなワークシートを用意し、考えることが必要である。

### ③ 推敲・相互評価・交流

意見にぶれはないか、不必要な繰り返しはないか、文章構成や論の展開の仕方はどうか、説得力はあるか、引用はできているか、意見の根拠は示されているか、表記に間違いがないか、など、観点を決めて推敲を行ったり、相互評価や交流を行ったりすることで、客観的に文章を見る目を養うことができる。

## (4) 学校全体で指導する

領域を関連させ、教科書教材と本や文章を関連させ、指導事項を明確にして指導する。領域や発達段階の相互関係を整理して、年間指導計画を学校全体で立てる。その中の位置付けを確認しながら、九年間を見通して、子どもたちに力を付けていくことが必要である。学校全体で意識を共有して取り組むことが、求められている。

## 9 事例を深め　自分の考えを主張しよう
――六年生「ガラパゴスの自然と生物」――

単元「自分と環境のつながりを考えよう」――事例を深め、自己表現につなぐ――

【対象・時期・指導時間】小学校六年・六月・一八時間
【教材】
①旧教科書教材「ガラパゴスの自然と生物」（光村図書出版六年上　伊藤秀三文）
②旧教科書教材「しっぽのやくめ」（光村図書出版一年上　川田健文・藪内正幸絵）
③旧教科書教材「キョウリュウの話」（光村図書出版四年上　尾崎博文）
④ビデオ「地球大図解」（小学館　一九九五年）
⑤「ガラパゴス諸島　進化論のふるさと」（伊藤秀三　中公新書　一九九三年）
⑥「ガラパゴス」（藤原幸一写真・文　データハウス　一九九三年）
⑦「GALAPAGOS　ガラパゴスに魅せられて」（本尾洋写真集　能登印刷出版部　一九九五年）

本単元は、子どもの音声言語表現力を育てる、二年間の国語教室づくりの一環で実践している。学級は、五年生の時からの持ち上がりであり、これまでに、①自分の声を意識させるため、グループで音・音楽の入った朗読をし、カセットブックづくりを行う、②登場人物の心情をセリフと語りの層に分け、シナリオを書いたり、物語の中に出てくる歌を作曲したりして、学級全体で協力して朗読劇を舞台の上で行う、などの活動に取り組んできた。今までにない体験であり、苦労しながらも、乗り越えた喜びに浸ることができた。これらは、シナリオをもとにするため、声を出すことや、自分の感想や考え、心情を想像しての文章化の力は付けてきたことになる。しかし、全体の場での主張や友達間のコミュニケーションとなると難しさを感じることがある。みんなの前では、「構え」ができてしまって恥ずかしさを感じ、話しにくくなるという現状があるからだ。自らの考えや立場、生き方などを反映した「自己主張」については、確実に自分という個性を発揮したいのに、周りに合わせてしまうという矛盾する気持ちがあることも感じていた。そこで、自分の考えを一層明確な意識化のもとに主張させ、友達の意見を主体的に受け止め、協力するような単元構想を行った。指導にあたっては、

① 筆者の主張と論理展開、及び、友達の考えや意見、重ね読みや映像視聴によって得る論点、などを自分の主張に引き上げる。

② 友達と協力して調べた結果を報告するという音声発表の目標に向かうことで、自己主張を高めさせる。集団と自分という個の両方が影響し合って育つようにする。

③ 六年生になって初めて学習する説明文のサンプル教材として、基本的な知識と能力を育成する。筆者の論点の取り上げ方や考え方を自己学習したり、必要な重ね読みをしたりして、全体の場で発表するなど説明文の読書行為力を育成する。

④ グループで協力し合って発表するという喜びを感じさせる。

⑤ 環境と自分という学習課題を設定し、自分の問題としての視野をもたせるようにする。

## ガラパゴスの自然と生物

伊藤秀三（いとうしゅうぞう）

太平洋の東のはしに、赤道をはさんで四十ほどの小さい島々がある。ここはガラパゴス諸島とよばれ、めずらしい生物の宝庫となっている。

例えば、こうらの長さ一メートル、体重は二百キログラムにも達する巨（きょ）大なガラパゴスゾウガメがいる。このカメは、草や木の芽を食べ、島の中をゆうぜんと歩いている。この島々には、ゾウガメと同じ食物をうばい合うすばしこい草食動物や、カメの肉や卵を食べる肉食動物がいない。そのため、ゾウガメは大きくなり、のんびり生き続けることができる。

また、ここには、体長四十センチメートル、体重二キログラムぐらいしかない小形のペンギンがいる。もともと寒い気候の中で生きていたペンギンがここで生きていくためには、体温を発散させなければならない。そのためには、体積の割に表面積が大きくなる小さい体のほうが有利なのだろう。

植物にも独特のものがある。ここでいちばん多い木は、スカレシアというキクの一種である。ここは一年じゅう安定した気候が続き、ゾウガメ以外には大形の草食動物がいない。それで、わたしたちには草花として親しまれているキクが、十メートル以上の大木に育っている。

ガラパゴスは、最も近い陸地からでも一千キロメートルもはなれている。そのうえ、火山でできた島である。そのため、かつては人間も住みつかず、風や海流や鳥によって運ばれる以外、動植物はわたってこられなかった。このような環（かん）境が、それぞれの生物に最もふさわしい生活の仕方と体の仕組みを発達させたのだろう。

ガラパゴス諸島は、生物と環境との密接な関係をわたしたちに教えてくれる、貴重な自然の宝庫である。

### 1　単元の指導目標

① 環境と生物の密接な関係を踏まえ、環境と人間のつながりについて自分の考えをもつことができる。

② 観察調査を軸とする説明文の構造を、筆者の論点と自分や友達の考えとを結合させながら読んだり、事例を通して考察を進める展開の仕方を把握することができる。

③ 一つの説明文を読み、それに関連する科学読み物を読んだり、映像視聴を行うことができたりするような、読書行為を楽しむことができる。

④ 説明文の本文の表現を生かして文章表現したり、それを音声発表することまで一貫して続けることができる。

⑤ 各自で調べたことをグループでまとめ、音声発表する一連の表現活動を協力して行うことができる。

学習計画（全一〇時間）

| 次 | 時 | 目標 | 学習活動 | 指導上の留意点 |
|---|---|---|---|---|
| 一 | 1〜3 | 1 環境の変化と生物の適応の関連について、幾つかの資料から実感することが出来る。<br>2 環境と生物の関連について、自分の立場から考えることに興味を持って、読書や表現を行うことが出来る。 | ① 既習の「キョウリュウの話」を読んだり、ビデオ「ちきゅう大図解」を視聴したりして、地球環境の変化と恐竜の絶滅について感想を交流する。（ワーク1）<br>① 絶滅の危機にある生物をグループで調べて発表する。（5グループ）（ワーク2）<br>② 環境と生物の関連について考えをまとめ、学習課題「自分と環境のつながりを考えよう。」を設定する。<br>③ 学習課題に応じて［学習計画表］を協議する。 | ○ 適応可能である場合と不可能な場合とでは、大きな変化があることを強く実感させるようにする。<br>○ 導入段階で実際に調べ学習をし、調べることやグループで助け合うことの経験から学習課題が身近なものになるようにする。<br>○ サンプル教材なので、基本的な学習活動を挿入する。 |
| 二 | 4〜6 | 3 重ね読みによって、環境の変化と適応について考えをまとめることが出来る。 | ⑤既習教材「しっぽのやくめ」を読み、動物が環境に適応していることを思い出す。（ワーク3）<br>⑤ 「ガラパゴスの自然と生物」を読み、生物と環境のつながりについて感想を書き、難語句の意味調べの後、疑問や調べてみたいことを整理する。（原稿用紙四〇〇字）<br>⑥ 本文の三事例を比べ読みし、論点と表現の仕方を分析する。（ワーク4） | ○ 本文の正解を追うのではなく、環境と動物の関係から見直すことが出来るようにする。<br>○ 動物から生物へと考えが広がっていることに気付かせる。<br>○ 観察と考察の関係に気付かせるようにする。 |
| | 7〜8 | 4 環境と生物の関連という一つの課題を目的にグループで協力して調べたり、発表内容としてまとめたりすることが出来る。 | ⑦ 本文に取り上げられた事例以外の生物をグループで選び、詳しく調べる。（参考文献から作成した補助教材とワーク5、及び参考文献、辞書）<br>⑧ 調べたことをグループで発表出来るように、発表台本にまとめ、練習する。（発表の約束資料、発表シナリオシート） | ○ 調べた内容を自分で十分納得するように、重ね読みを継続させる。<br>○ 発表内容とグループ内での役割を十分自覚して活動出来るように工夫させる。 |
| 三 | 9〜10 | 5 協力しながらグループで調べたことを報告発表することが出来る。<br>6 調べた情報を本文に合わせて要約することが出来る。 | ⑩グループごとに発表し、発表の様子を撮影したビデオを視聴して、評価したり、友達の評価を聞いたりしながら、グループごとに工夫を加えていく。（聞き取りメモ）<br>⑩ 発表した生物を中核教材の事例文と同じ構造及び、分量（字数）にまとめる。（原稿用紙一七〇字）（ワーク6）<br>⑪ 中核教材について感想をまとめる。（原稿用紙二〇〇字） | ○ 聞き手のグループは、評価とともに、自分たちの発表に生かすように積極的に聞くようにさせる。<br>○ 本文の構造に出来るだけ即してまとめることを重視する。 |

この学習を始めてから一時間目

**自分と環境のつながりを考えよう**

★四年生で学習した「キョウリュウの話」と学習資料を読んで、絶滅した生物について調べて発表しよう。

一　キョウリュウが絶滅したと思われている理由をまとめよう。

いん石がしょうとつした、火山が爆発した、などが原因で、生き延びられなかったという考え方と、今まであたたかかった気候が急に寒くなり、生えている植物に変化がおき、大きくなりすぎたキョウリュウは、変化に自分たちの生活を合わせられなかった、という考え方があると言われている。

二　絶滅した（絶滅しかかっている）生物について調べよう

| 生物 | 絶滅した理由 |
| --- | --- |
| | 人間が食べ物にした。 |

大きさ　食べ物

すみか

特徴　性質

形　色

三　調べたことをまとめよう

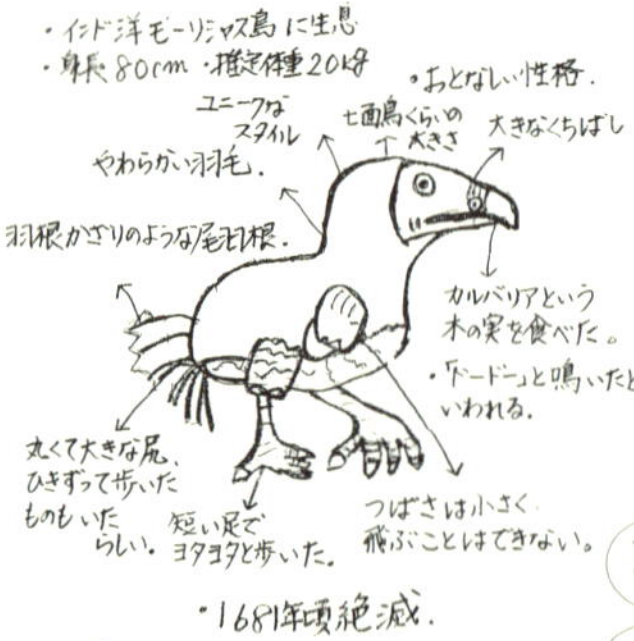

・インド洋モーリシャス島に生息
・身長80cm ・推定体重20kg
・おとなしい性格.
ユニークなスタイル
七面鳥くらいの大きさ
大きなくちばし
やわらかい羽毛.
羽根かざりのような尾羽根.
カルバリアという木の実を食べた。
・「ドードー」と鳴いたともいわれる.
丸くて大きな尻、ひきずって歩いたものもいたらしい.
短い足でヨタヨタと歩いた。
つばさは小さく飛ぶことはできない。
・1681年頃絶滅.

グループで協力して発表してどうだったか。

- **発表の声**　聞き取りにくい。声が小さい。たどたどしい。つまる。
- **態度**　資料を見て話しているので、内容が伝わりにくい。
- 質問に対して、ほとんど答えられない。
- 「えーっと」という言葉が入り、聞きづらい。

図鑑や辞典で「絶滅する生物」はすぐに見つかる。でも、いざ発表となると、けっこうきんちょうしてうまく説明できなかった。今度こそよく練習して、分かりやすくしたい。内容ももっと調べて、質問に答えられるようにしたい。

## 3　授業の実際と考察

### (1)「環境と生物のつながり」問題意識の醸成

第一次は環境の変化と生物の適応の関連について、資料から実感させる導入から学習課題設定までを行う。

子どもたちは、四年生で「キョウリュウの話」を学習している。恐竜という題材のおもしろさとともに、あれほど栄えた恐竜がなぜ絶滅したのかも疑問として残っている。そこで、環境とのつながりという論点で再び「キョウリュウの話」を読んだり、ビデオ「地球大図解」を視聴したりして、地球環境の変化と恐竜の絶滅について感想をもたせ、導入を図った。環境と動物のつながりや適応できる、できないが、種の存続にかかっていることを実感させたかったからだ。

次に、調べ学習とグループで協力することの経験を持たせるために、絶滅の危機にある生物をグループで調べて発表することにした。子どもたちは、〈サーベルタイガー・トキ・コウノトリ・ドードー鳥〉などの生物を取り上げた。調べたことを聞き手に分かるように発表することは、難しいということを実感したようだ。次は、上手に発表したいという意欲につながった。このように環境と生物のつながりについて考えを整理した後、自分の立場から興味をもって、読書や表現を行うという学習課題「自分と環境のつながりを考えよう」を設定し、学習計画を協議した。

### (2) 多様な論点と自己主張

第二次は、中核教材や補助教材、学習資料を読み、グループでガラパゴス諸島の一つの動植物を調べ、協力して発表する活動を行う。

① 環境問題とのつながりから、既習教材「しっぽのやくめ」（旧光村図書出版一年）を読み、動物が環境に適応していることを思い出させた。内容の確認の後、「終わり（終結部・まとめ）にあたる文章を書かせた。「何のしっぽか」「しっぽの特徴」「何の役目か」「動物のしっぽは、環境とどのようなつながりがあるか」などについて一覧表に整理した。環境と生物という観点をもたせるとともに、中核教材の事例を論点という視点から考えることにつながるからである。

② 「ガラパゴスの自然と生物を読み、初めの感想を四百字で書かせた。「他にはどんな生き物がいるのだろうか」「人間が住んでいなかったからこそこうなったのだ」「環境について考えなければならない」「島なりの食物連鎖を大切にすること」、などの感想があった。感想の交流の後、本文の三事例をモデル学習として比べ読みし、論点と表現の仕方の自己学習と分析をさせた。

③ 本文に取り上げられた事例以外の生物をグループで調べ、報告説明することにした。参考文献から作成した五種の動植物（ウミイグアナ・ガラパゴスコバネウ・ガラパゴスアカアシカツオドリ・ダーウィンフィンチ・ウチワサボテン）についての資料を、学習資料として配布したり、図鑑など文献で調べたりした。発表ま

では、お互いに情報を知らせないことにした。初めは、担当する動植物の資料のみ、配布し、学習の進行をみて、全員に配布した。

④ 調べたことをグループで発表できるように、シナリオにまとめ練習した。話す内容を一次で学んだ論点に沿ってまとめ、分担した。シナリオにすることで、役割が明確になり、意欲も増した。

### (3) ルールに基づいたグループでの発表

第三次は、グループでの発表である。一つのグループでの発表を終えては、その様子を録画したビデオを見て、自己評価や他者評価を行った。

その際、次のような内容の「発表するときの約束」を参考知識資料として配布した。

① 発表する生物についてよく知る。
② 実際にガラパゴスに行って調べたり、写真を撮ったりしたのは、藤原幸一さんと伊藤秀三さんなので、言葉の遣い方に気を付ける。(〜と言われている・〜によると・〜と分かっている・〜を読むとこう言っている)
③ 丸写しではなく、自分の言葉に直して考え、自信をもって発表できるようにする。
④ 四百字くらいの感想を全員が書き、そのうち何人かは発表する。
⑤ テープに吹き込んでみて、話す速さを聞き手(並べ方・指示棒の使い方・視線・態度・視界の立場)の立場に立って考える。
⑥ 聞き手は、メモを取りながら聞き、質問する。(どんな生物か理解する。どう環境に合わせていったかについての質問を中心に行う。)

⑦あらかじめ、考えられる質問については、予想して答えを考えておく。
⑧質問に答えるとき、必要があれば資料を見てもよい。
⑨「分かりません。」「書いてありません。」という答え方は、できるだけ避け、自分たちなりに想像して、「○○の理由からこうじゃないかと思われます。」といった答え方をしていくようにする。
⑩班員全員が必ず協力し、時間をむだにしないこと。

聞き手には、次の観点を示し、「メモを取りながらしっかり聞こう」と伝え、積極的に聞くようにさせた。

①どんな生物かよく分かったか。
②生物が環境と関わってどう変化したかが分かったか。
③発表の仕方でよかったところはどこか。
④資料の提示の仕方でよかったところはどこか。

内容と発表の両面から評価する意識が身についた。

② 発表した生物を中核教材の事例分を同じ構造と分量（文字数）にまとめさせ、能力の定着を図っている。一度遂行してから定着させた。いったん書いたものを一覧にまとめた資料を配布し、交流させた。お互いのよさに目を向け、自分の文章を振り返ってみる子どももいた。直した方がよい書きぶりや主語述語の不一致などを自己学習することにつながった。要約は、難しかったと感じているが、一定の字数に合わせて縮小することは、知的な興味や意欲を引きだし面白がっているようであった。

③ 一連の学習活動のまとめとして、活動全体を振り返り、原稿用紙二百字で書かせた。他のグループの発

表を聞いて、改めてガラパゴス諸島の動植物のおもしろさに気付いていた。事例を踏まえて感想が高められていることが分かった。ある子どもは、〈この勉強で「書く・話す・聞く・話し合う・考える」などいろいろな力を育てられてよかったと思う。〉と書いている。力がついていくことを実感できたようだ。(11)

## 10 絵と文章を対照させて　絵巻物を読もう
### ——六年生「鳥獣戯画を読む」他——

**単元　「絵巻物」の魅力を「巻物」で伝えよう　——　細部に着目して解説文を書く　——**

【対象・時期・指導時間】小学校六年・八月・六時間

【教材】

① 教科書教材「鳥獣戯画を読む」（光村図書出版六年　高畑勲文）

② 「十二世紀のアニメーション」（——国宝絵巻物に見る映画的・アニメ的なるもの——　高畑勲　徳間書店　一九九九年）

③ 「すぐ分かる絵巻の見かた　改訂版」（榊原悟監修　東京美術　二〇一二年六月）

④ 「信貴山縁起絵巻」（新編名宝日本の美術十一　小学館　一九九一年三月）

⑤ 「伴大納言絵巻」（新編日本の美術十二　小学館　一九九一年三月）

⑥ 「小学館あーとぶっく②　モネの絵本」（構成・文　結城昌子　小学館　二〇一〇年）

⑦ 「DADA　モネ色いろ」（DADA日本編集部　今井敬子訳　朝日学生新聞社　二〇一一年）

六年生の子どもたちは、これまでに目的に応じて、文章の要点や細かい点に注意しながら読み、文章などを引用したり、要約したりして自分の考えを記述する力を、身に付けてきている。また、図・グラフ・写真などの非連続テキストと文章を関連させながら、テキストが表している内容を読み取り、筆者の意図や説明の効果などを考える学習も行ってきている。中核教材で取り上げる絵とそれを解説する文章は、次のような特徴をもつ。

① 「鳥獣戯画」の中の二枚の絵を比較することで、アニメにつながる動きがあることを説明している。

② 絵の細部に目を向け、読み手を引きつけるような表現がある。

③ 絵巻物という横への展開性という独特の表現方法についての意見を明確に述べている。

そうした特徴を踏まえ、本単元を貫く言語活動として「絵巻物の魅力を巻物にして五年生に伝える」ことを位置付けた。（「読むこと」言語活動例イ → 自分の課題を解決するために、意見を述べた文章や解説の文章などを利用すること）絵と文章を対照させ、表現力豊かに解説する中核教材や本に学び、事実と感想、意見などとの関係を押さえたり、学んだりして、自分の絵の見方や、考え方、感じ方を明確にしながら読むこと(C)「読むこと」(1)ウ）を実現出来るようにしたい。小学校では、解説文や鑑賞文を書くことは、小学校学習指導要領に明記されていないが、絵画や展示品には解説文的な文章が用いられているし、音楽や図工で鑑賞したり、解説したりする学習がある。ここでは、筆者の解説文を自分の意見や考えに生かす、という観点から書いた文章を、あえて解説文という。解説は、「『記録』されたものを活用し、『説く』ために採用される表現様式の一つ」で、「説明よりも一層主体的で、取り上げた対象の背景や外の資料などを活用し、分析的に説明する。[12]」文章のことである。

絵のどこに着眼するのか、その事実からどう考えるのか、読むのかが大切である。絵と対話しながら絵の細部や全体を見、筆者の書きぶりから学んだことを生かして、記述し、巻物にして発表する。ポイントは三点である。

①絵巻物の全体を理解しつつ、細部に着眼して絵と対照させて絵を読むこと。
②事実や描写と、考え、意見の両面から書くことを意識すること。
③読み手に語りかけるような書き方を学ぶこと。

指導にあたってのポイントも三点挙げる。

①根拠を明確にした解説の文章を書くために、絵巻物の歴史的背景や、特徴を示した資料を配布すること。
②評価語彙や読み手を引き込む言葉の使い方表を活用すること。
③友達と協力して、一つの巻物を作り上げるために、交流や協議を行うこと。

**1　単元の指導目標**

(1)絵巻物や絵を解説した本に興味をもち、進んで本や文章を読むことができる。
(2)絵巻物の魅力を伝えるために、事実や意見、考えと、絵との関係を押さえたり、着眼点を明らかにしたりしながら文章や本を読むことができる。
(3)解説をいれた、絵巻物の魅力を伝える巻物を相互に交流したり、発表したりして、自分の考えを広げたり深めたりすることができる。
(4)文末表現や助詞の使い方などに留意して、絵巻物を解説する八百字程度の文章を書くことができる。

【参考文献】
①若杉準治著『美術館へ行こう　絵巻を読み解く』（新潮社　一九九八年一一月）

②若杉　準治編『絵巻物の鑑賞基礎知識』（至文堂　一九九五年一一月）
③結城昌子著『ひらめき美術館1～3館』（小学館あーとぶっく　一九九六年四月　一九九六年一一月　二〇〇二年四月）
④エリザベート・ド・ランビリー著　おおさわちか訳『名画で遊ぶ　あそびじゅつ！』（長崎出版　二〇一一年九月）
⑤文：マリー・セリエ　監訳：結城昌子『直観こども美術館　見てごらん！　名画だよ』（西村書店　二〇〇七年一二月）
⑥西岡文彦著『五感で分かる名画鑑賞術』（ちくま文庫　二〇一二年六月）

## 2　単元の授業過程（120ページ参照）

## 3　授業過程におけるポイント

### (1)　三種類の解説を比べ読みする

モネの「積わら」の絵三枚を解説した三人の文章（一部）を比べ読み、共通するところや違うところを話し合うことから導入を図る。太陽の光の当たり方に着眼している点は共通だが、その書き方や表現の仕方には、違いがある。それは、対象の違い、絵本・文庫本といった形式の違い、筆者の切り口の違いによる。子どもたちの中には、文章より写真に目がいってしまった子どももいたので、観点を決め、モネの世界をある程度説明することが必要であった。また、絵と文章を対照することの導入を図ることも必要であった。その後、絵を読んで解説する文章を書くことを伝え、鳥獣戯画の絵巻物をみせた。実際に二二枚の絵ハガキを拡大コピーして張り合わせ、台紙をつけて芯に巻きつけたものを用意した。子どもたちは、広げてきてとても長いことに驚いたようだ。絵巻物と形式を実感することができた。その後学習計画をたてて、見通しを持って学習することを確認した(13)。

## 2　単元の授業過程

単元の指導計画（全6時間）

| 次 | 時 | 学習活動 | 指導上の留意点 | 評価規準と方法 |
|---|---|---|---|---|
| 一 | 一 | ◆学習の見通しをもつ。<br>○同じ絵を解説した文章を比べて読み、解説文の特徴を協議し、いろいろな書き方があることを実感する。<br>○中核教材『鳥獣戯画を読む』を読み、前時に学習した絵画の解説と比べ読み、書き方や目のつけどころなどの違いを中心に感想を話し合う。<br>○他の絵巻物を読み「絵巻物の魅力を巻物で伝えよう」という学習課題を設定し、学習計画を立てる（並行読書を始める）。 | ●同じ絵でも解説の書き方に違いがあることに気付かせる。<br>●比べる観点を明確にして、どこに特徴があるかを考えさせる。一覧にまとめたものを掲示して交流させる。<br>●「鳥獣戯画　甲巻」のレプリカを見せ、絵巻物の見方や内容など絵巻物そのものや、筆者の見方などから、他の絵巻物も読んでみたいという気持ちを課題設定につなげる。 | [関]興味を持って読み比べようとしている。<br>[関]絵巻物を読んでみたいという思いを膨らませて、学習計画を立てようとしている。 |
| 二 | 二三四五<br>本時 | ◆中核教材を読み、絵巻物の魅力を伝える巻物を作る。<br>○中核教材を読み、文章の描写部分（解釈・生き生きとした表現など）と考えの部分（意見・感じ方）を塗り分け、構成との関係や書き方の特徴を考える。<br>○背景を資料から学んだり、自分の見方や考えを付箋に書いたりしてグループで決めた絵巻物を読む。<br>○並行読書から巻物づくりのための読みのポイントを整理する。<br>【巻物づくりのための読みのポイント】<br>・場所・表情・服装・形・色・線・位置・格好（ポーズ）・想像できる音やにおい・風・不思議さ・伝わってくる気配・思い<br>○ポイントを参考に絵巻物の全体を見ながらの五〇〇字程度の解説文を書く。<br>○グループで協力して、絵とともに解説文を絵巻の順に貼り付けて、絵巻物の魅力を伝える巻物をつくる。 | ●色を塗り分けることによって、描写の部分と筆者の考えの部分があることを実感させる。<br>●絵巻物の歴史的背景や粗筋などをまとめた教師自作の資料を読み、根拠を明らかにして絵の良さを読むように伝える<br>●並行して、絵を解説した本を三冊以上読ませる。巻物づくりに並行読書を行方と比較して感想を書かせる。<br>●自分の解説に生かすという観点で本を読むように確認する。<br>●絵・解説・コラム・細部の取り出しなど巻物のレイアウトを考えるために、モデルを示す。 | ●ワークシートの記述<br>●発表の様子<br>[読]今までに学習した文章との違いを意識して読んだり書いたり塗り分けたりしている。<br>●書いている文章<br>●発表の様子<br>[読]絵のどの部分を取り上げ、何に着目して書いているのかなどポイントを整理しようとしている。<br>●学習を生かして書いている。<br>[読]協力して巻物の編集を考えようとしている。 |
| 三 | 六 | ◆できた巻物を発表し、交流する。<br>○発表会を開き、見方が違うところや共感するところなどの感想を交流する。<br>○学習の振り返りと自己評価を行う。 | ●書きにくい児童には、読みのポイント表を示し、筆者が何に着眼しているのかを想起させたり、絵のどこを見るかなどの声掛けをしたり、大判の美術書を見て細部を確認するように助言したりする。<br>●評価語彙表を参考にさせる。<br>●巻物を広げて説明させる。 | [読]自分の見方や考えについて深まったことを見つけている。 |

### (2) 言葉の解釈

中核教材「鳥獣戯画を読む」には、難解な言葉がある。調べて理解して読むこと、「漫画の祖」「人類の宝」などは、全体で話し合って文脈から理解することが必要である。

> 外掛け・返し技・反則技・ひるむ・抑揚・濃淡・気品・躍動・「漫画の祖」・国宝・絵巻物・原理・アニメ・手法・もんどりうつ・筆さばき・ずる・和気あいあい・抗議・気合・モダン・自由闊達・幾多の変転・「人類の宝」　など

### (3) 筆者に学ぶ

① 絵だけを見て、子どもたちは気付くこともあるが、筆者が絵のどこに着眼したのか、着眼したことからどのように考えを展開しているかを自己学習させたい。絵と文章を線で結ぶ、着眼点を付箋に書き、「耳」「口」「背中」「手足」「骨格」「目」「右足」などと着眼の場所と見る方法を整理していく。細部に目を向けること、そこから何が言えるのかまで、読んでいくことに気付かせたい。こうした学習は、自分が次に絵巻物の一部を見て、どこに着眼し、どのように考えを書けばよいのかなど、目的につながることを意識させることが必要である。

> ～を見ると　～に目を向けると　～してみると　～だけに注目すると

など着眼したことを、意見や考えにつなぐ言葉に着目させたい。

〜としか思えない　〜分かる　見える　感じられる　伝わってくる　印象を受ける　表れている　読み取れる　受け取れる　〜ではないだろうか　〜だろうか　〜かもしれない　〜にちがいない　〜だろう　〜せずにはいられない

など、語尾の違いとその意味を話し合うことも大切である。十か条に整理し、自分の文章に活用させたい。子どもたちが読み取ったことを表にした。

高畑さんに学んだ　魅力的な解説文を書くこつ十箇条

第一条　実況中継のように書こう。
第二条　評価の言葉を進んで使おう。
第三条　体言止めで切れを出そう。
第四条　絵の正しい説明を入れよう。
第五条　問いかけを入れて、読み手を引き込もう。
第六条　読み手をナビゲートする表現を使おう。
第七条　絵の見方を工夫しよう。
第八条　絵巻物の見方を紹介しよう。
第九条　絵と結んで自分の考えを明確に入れよう。
第十条　分量（文字数）を決めて書いたら、必ず推敲しよう。

## 絵を見るこつ

1　まず　じっくり見よう。

・全体を見る
・細部を見る
・半分だけ見る
・つないで見る
・比べて見る

2　作品に話しかけてみよう。

・「何しているの?」
・「どこを見ているの?」
・「どうして……?」

3　友達と話しながら見よう。

4　友達の感じ方との違いを楽しもう。

5　作品のお話を作ってみよう。

6　他の作品と比べてみよう。

白幡Aファイル「絵を読むこつ」「解説文を書くこつ」

## 絵を読む（見る）こつ

**①まずじっくり見よう**
・全体を見る
・細部を見る
（着眼点を決めよう）
・つないで見る
・比べて見る

**②作品に話しかけてみよう**
・「何してるの？」
・「どこを見ているの？」
・「どうして？」

**③自分の考えをもとう**
・友達と話しながら見る
・友達との感じ方のちがいを楽しむ
・作品のお話をつくってみる
・他の作品と比べてみる

**着眼点の例**
○体の線
○表情
○動き
○体の部分
・口
・耳
・背中
・目
・足
・顔
・毛
・手
・骨格
○筆遣い
○背景
など

## 高畑勲さんに学んだ解説文を書くこつ十か条

①じっくり絵を見よう
②**着眼点**を示そう
③読者をナビゲートする表現を使おう
④問いかけを入れて読者を引きこもう
⑤実況中継のように書こう
⑥**評価の言葉**を進んで使おう
⑦体言止めで切れを出そう
⑧絵巻物の見方を紹介しよう
⑨絵の正しい説明を入れよう
⑩絵と結んで、**自分の考え**を入れよう

**評価の言葉**
・おかしくておもしろい　・実にすばらしい
・生き生き　・楽しませてくれる　・すてき
・おどろくべき　・のびのびしている
・他に例がない　・ひきよせられる　・見事
・躍動する　・とびきり　・一級品
・一見の価値がある　・究極の　・優れた
・代表作　・最高のでき　・注目の　・奥深い
・あっと言わせる　・魅力的　・心をうばう
など

**読者をナビゲートする表現**
・ごらん
・～だね
・どうだい
・もう少しくわしく見てみよう
・わかるね
・ためしに～してごらん
・交互に見てごらん
・さがしてごらん
・～かもしれないね

**読者に問いかける表現**
・～かな
・見付けられるかな
・いったいこれは何だろう
・なぜ～
・わかるだろう？
・～と思わないか
・～って知ってる？
・今度は、君たちが考える番だ

**自分の考えを表す表現**
・～と感じられる
・読み取れる
・受け取れる
・そう、きっとこれは
・まるで～みたいに
・～に見える
・～としか思えない
・～にちがいない

## 11 読む力を育てる説明的な文章の授業アイデア

### 1 新しい世界を創造したり伝えたりする新聞づくり

学校における新聞づくりには、二通りのまとめ方がある。

一つ目は、文字通り学級や学校生活、家庭、地域などにおけるさまざまな出来事や問題点を取材したり、調べたり、考えたりして、その集団に属する人々に情報を伝える新聞である。学校だより、学級新聞、ミニコミ誌などの種類がある。自分たちの身近な出来事を知らせて、学校生活や社会生活をより知ろう、よりよいものにしようという目的がある。

二つ目は、社会科や理科、総合的な学習の時間で学んだり調べたりしたこと、あるいは、長期休業日終了後に自分の生活を振り返って、新聞形式にまとめる新聞である。いくつかの記事の集まりが新聞を構成していることを生かしている。

作り手から言えば、自分の見方や主張に基づく個人新聞、数人でつくるグループ新聞、学級新聞などがある。情報の発信者としての創造の楽しさが新聞づくりでは味わえる。取材をする場合は、編集の意図や主張を明確にもち、方針をはっきりさせることが必要になろう。また、調べたことを新聞に書くことは、その切り口を工夫しないと資料を右から左へ書き写すことに終わる。インタビューやコラムを入れてレイアウトを工夫する、時には思い切って空間を移動する、時間を移動するなどの切り口を示し、想像したり思考したりするように考えたい。自分ならばこの事実からこう思うだろう、こういう会話が交されたのではないかといった問いをもつ。離れた名所を想像し、時代や人物を想像することが、新聞を単なる様式の一つとしたとらえ方から、自己とかかわる積極的な意味をもつようになる。

## 2　想像力を育てる「歴史新聞づくり」

社会科における新聞づくりも広く実践されている。歴史的事実に基づき紙面を構成して、新聞の形式に書いていくことは、事実を理解し表現するという点において意義がある。ここでは、子供達の想像力をかきたてる新聞づくりを考えたい。歴史新聞をつくるときに気をつけなければならないことは、「時代」である。その時代の政治的な特徴は何であるかを一人一人が理解していないと、このテキストは失敗する。政治的、経済的、文化的に人物が果たした役割を、時代状況の中で具体的なイメージとして創造できなければならない。以下想像力を生かした歴史新聞づくりを行う際に大切だと思われるポイントを挙げる。

### (1)　時代状況の理解、人物の果たした役割

歴史の事実を知り論説を書く。物事についてその是非を論じ、自分の意見を筋道立てて論じるには次のようなことが必要になるだろう。

ア　論じようとする対象についてよく知っていること。

イ　対象とした事物の現状に対してどう見ているのか、（長所・欠点など）根拠に基づいて述べること。

そのためには、想像を刺激する資料を収集したり、提示したりすることが必要である。「幕末に武士が初めて行った外国でびっくりしたのは……」「奈良時代に大仏を造ったとき、人々が交した会話は……」などの課題に対し、そのときの思いを想像できる本や資料を、伝記・雑誌・写真・インターネットなどから集める。最近は、単に時代の解説を越え、エピソードや舞台裏にふれた本も発刊されている。写真や図、グラフなどがふんだんに使用され、ビジュアルに編集されていて興味を引く。疑問や感想をワークシートに整理しながら、想像の世界をふくらませていくようにしたい。(14)

(2) 新聞のつくり方、書き方

見出し、リード、本文といった書き方や効果的な割付けの仕方、レイアウトの考え方など、新聞づくりに参考となる本は、多く出版されている。(15) また新聞社が立ち上げているホームページも参考となる。

注

(1) 本単元は、当時、神戸大学大学院総合人間科学研究科に在籍していた、竹田(当時)直子さんの修士論文のための研究に協力した実践である。
(2) 井上一郎『文学の授業力をつける 七つの授業と自己学習を進める学習資料40』(明治図書 二〇〇二年七月)
(3) 井上一郎『読む力の基礎・基本 十七の視点による授業づくり』(明治図書 二〇〇三年四月)
(4) 井上一郎『読書力をつける 読書活動のアイデアと実践例16 下巻』(明治図書 二〇〇八年一一月)
(5) 再掲(4)
(6) ベルリン州立学校・メディア研究所は、授業開発・学校開発・メディア研究を柱とする研修センターである。二〇〇〇年のPISA「読解力」の結果を受け、教員研修の中心を子どもの読解力を高める方向にシフトした(水戸部修治の報告による(注7より引用)
(7) 水戸部修治編集「日本版「日本学術振興会 科学研究費補助金基盤研究(C) PISAスーツケース」の開発 研究報告書」(二〇一〇年 三月)
(8) 鳥越信編「はじめて学ぶ 日本の絵本史Ⅲ 戦後絵本の歩みと展望」(ミネルヴァ書房 二〇〇二年 七月)
(9) 再掲(7)
(10) 再掲(7)
(11) 井上一郎「『ガラパゴスの自然と生物』の授業研究」(文教國文学學 広島文教女子大学国文学会編集 35・36合併号 一九九七年)
(12) 井上一郎『誰もがつけたい説明力』(明治図書 二〇〇七年 一二月)
(13) ※この授業は、平成二五年度全国小学校国語教育研究大会(横浜大会)において上月が指導者となって公開したものである。横浜市立白幡小学校六年一組の希望する児童二一名を対象に行った。事前に授業を行うことが難しいので担任の渡辺誠先生には、ずいぶんカバーしていただいた。上月が公開したのは、三時間目である。その後実践を続けていただき、巻物の完成に至ったことは、大きな喜びであった。記して感謝したい。

（14）清原伸一編集『週刊ビジュアル日本の歴史』デアゴスティーニ・ジャパン　二〇〇一年）

（15）次山信男監修『資料のよみ方・つくり方6新聞・テレビ』「調べ学習にやくだつ社会科資料のよみ方・つくり方」ポプラ社）一九九五年四月

# おわりに

第三章、第四章で取り上げた授業実践記録の中には、現在教科書に取り上げられていない教材もある。本書では、単元計画と授業時数については、実践当時のままを掲載している。当時から、子どもたちは、課題に向かって複数の関連する本を読んで、考え、話し、交流し、表現する学び合う学習を行っている。子どもたちが、阪神・淡路大震災から少しずつ心を回復していくときに、本や、友達や周りの人たちとの対話やつながりを中核とし、未来に希望と夢が持てるように考えた国語の授業や、国語教室から、どれほどの力を与えられたことだろう。大人になって、「つらいときに夢を語った卒業ビデオを見て、みんなも頑張っているだろうなと元気を取り戻す」と、話してくれたことがあった。その言葉に私自身が励まされるとともに、もっと一人一人の子どもの考えや表現した作品をほめ、かかわり、声をかければよかったと、反省したことを思い出す。一人一人の子どもが主体的であるとき、授業が未来を支えることがあることを実感した。

本書を手に取ってくださった読者に、教材研究や教材の分析の仕方、教材の特質を捉えた単元を貫く言語活動を位置付けた単元構想、子ども個人と協働の学びの関係性、そういったことが少しでも伝わり、実践の一助になればこんな嬉しいことはない。

常に前向きな研究会のメンバーたち、二十年に渡り、励まし、指導してくださった諸先生、挿絵や表紙について助言をくれた同僚、山手小学校、精道小学校の校長室で遅くまで授業について語り合った先生方、アイデアをポスター等の展示物や、具体的な活動として実現してくれた職員と保護者・地域の方々、「子ども読書の街づくり」を、少しでも市民や学校に親しまれ実のあるものにと、連日遅くまで頑張った学校教育部の指導主事たち、感謝の言葉しかない。

表紙については、「兵庫県小・中・高校絵画展」より、神戸市立藍那小学校三年生、竹本柚萌菜さんに、「手ぶくろを買いに」の感想画を快く提供していただいた。子どもらしい温かさのある絵である。私の授業の転機となった物語であるだけに、感慨ひとしおである。

井上一郎先生には、子どもが主体的に学ぶ自己学習を中心にすえた単元の作り方、教材開発のあり方、学習指導案の考え方、子どもの言葉の受け止めや教師の発問の在り方等を、具体的に何度もご指導いただいた。一度で腑に落ちないことは、自分への問いとなっていつも心の中にあった。それは、私が教材研究の奥深さとともに、楽しさを感じることにつながっている。美術館、記念館、公立図書館等の施設や、様々な力の宝庫である保護者や地域の人々、専門家たちへの聞き取り等、教材研究の時間と単元構想の過程が、私にとって苦しいけれども最もわくわくし、力が漲る時間であった。授業になって、子ども自らが目的に向かって追求し始めるとき、教師という仕事の醍醐味を感じたものだ。目的を決めたらまっしぐらに進むことも学んだ。

「子ども読書の街づくり」推進委員会委員長としての井上一郎先生には、小波のように繰り返すイベントと読書フェスティバルや、「子どもに読ませたい本四百選」ガイドブックづくりの目指す方向や在り方、学校図書館や読書を核とした授業づくり、学校づくり等を、未来を見据えた広い視野でご示唆いただいた。それは、「芦屋市教育振興基本計画」に実を結んでいる。重ねて深く感謝申し上げたい。

本書を刊行するにあたり、溪水社の木村逸司氏、木村斉子氏は、私の希望や思いを丁寧に聞き取り、形にしてくださった。心より御礼を申し上げたい。

最後に、現場で、楽しく面白く力の付く授業、よりよい授業を求めて努力を続ける先生方にエールを送りたい。学校は、言葉を中心にして理解し、表現し、対話し、学び合いや人間関係が成り立つところである。急激に変化していく時代にあって、人と人のつながりの中に人生の意味があるからこそ、子どもたちの内側にある感性や考える力、自分の人生を生きる力を、言葉の力で引き出していただきたいと願う。

本書の内容は、二十年にわたって、教育関係の書物に寄稿したものや授業実践を基本とし、整理し再構成したり、加筆修正したりしたものである。以下に掲載しておく。

# 上月敏子　執筆書籍等一覧

| | 執筆原稿名 | 書籍全体のテーマ | 書籍名 | 出版社 | 出版年 | 監修・編集 |
|---|---|---|---|---|---|---|
| 1 | 作品の持つ音楽性を表現に生かして | 面白く読み表現に発展させる文学の授業 | 実践国語研究 No.一五七 P三八～四三 | 明治図書 | 一九九六年二・三月号 | |
| 2 | 音・映像を通した新しい作品世界の創造 音・映像を通して新しい作品世界を楽しむ読者 | 読者としての子どもを育てる文学の授業集成① | 実践国語研究別冊 P四四～四九 | 明治図書 | 一九九五年四月号 | |
| 3 | 集団で生きる個をめざす国語教室作り | 「書くことが苦手」意識をなくす学習ノート | 実践国語研究 No.一七三 P八七～九一 | 明治図書 | 一九九七年六月号 | |
| 4 | 第一章 「アナトール、工場へ行く」の教材研究 一 生き生きと活躍するねずみたち | | 多様な読みの力を育てる文学の指導法 中学年「アナトール、工場へ行く」 P九二～一〇〇 | 明治図書 | 一九九八年五月 | 井上一郎　編著 |
| 5 | 二学年のまとまりを具体化する観点と方法 「文学の読む力を学年に応じて重点化し具体化する」 | 文学単元／各学年で指導したい言語活動 | 実践国語研究 No.二五二 P一二～一四 | 明治図書 | 二〇〇四年二月号 | |
| 6 | 新領域「話すこと・聞くこと」の具体化 | 新学習指導要領に立つ国語科の改革—学力観・学習観・授業観の転換— | 実践国語研究別冊 No.二一二 P五五～六四 | 明治図書 | 二〇〇〇年九月号 | |
| 7 | 科学系テキストの部屋 科学系読み物からのメッセージ 新しい世界を創造したり伝えたりする 新聞作り カレンダーを創る | | 国語力の基礎・基本を創る—創造力育成の実践理論と展開— P一一一～一一五 P一一六～一一八 P二三〇～二三二 P二二八 | 明治図書 | 二〇〇四年五月号 | 井上一郎　編著 |
| 8 | 様々な文章や資料を読む機会や自分の意見を述べたり書いたりする機会の充実 | | 読解力向上をめざした授業づくり 低学年 P五六～五七 | 東洋館出版社 | 二〇〇六年八月号 | 井上一郎・安野功・吉川成夫・日置光久・田村学　編著 |
| 9 | 国語の力としてどのように学ぶ力を高めるか —自主学習力をつける— 「相互に学び合う課題解決力を育てる」 | 国語をどう学んだらよいのですか? | 実践国語研究 No.二八三 P五～七 | 明治図書 | 二〇〇七年六・七月号 | |
| 10 | 連載（第一回） 学年別国語教室の一年間 ことばや声を楽しもう —一年生を受け入れて— | 国語力を高める国語科授業 | 実践国語研究 No.二七四 P一二二～一二五 | 明治図書 | 二〇〇六年四・五月号 | |

| | 執筆原稿名 | 書籍全体のテーマ | 書籍名 | 出版社 | 出版年 | 監修・編集 |
|---|---|---|---|---|---|---|
| 11 | 連載（第二回）学年別国語教室の一年間 想像力をはたらかせて活動しよう —成長する二年生— | 国語力を高めるフィンランドの教育 | 実践国語研究 No.二七六 P一二一～一二五 | 明治図書 | 二〇〇六年六・七月号 | |
| 12 | 連載（第三回）学年別国語教室の一年間 目的をもって表現する力を高めよう —感受性が育つ三年生— | 楽しんで書いた読書感想文一八選 | 実践国語研究 No.二七七 P一二一～一二五 | 明治図書 | 二〇〇六年八・九月号 | |
| 13 | 連載（第四回）学年別国語教室の一年間 テキストに基づいて考える力をつけよう —新しいテキストを創造する四年生— | 授業での話合い—失敗と成功の分かれ目 | 実践国語研究 No.二七八 P一二一～一二五 | 明治図書 | 二〇〇六年一〇・一一月号 | |
| 14 | 連載（第五回）学年別国語教室の一年間 自分の考えを持たせよう —主体的にかかわる力がつく五年生— | どうすればいいの「記述力」 | 実践国語研究 No.二八〇 P一二一～一二五 | 明治図書 | 二〇〇七年一二・一月号 | |
| 15 | 連載（第六回）学年別国語教室の一年間 自分を見つめ発信する力をつけよう —自己認識を深める六年生— | 漢字を使う—漢字を使わない子どもをどうするか | 実践国語研究 No.二八一 P一二一～一二五 | 明治図書 | 二〇〇七年二・三月号 | |
| 16 | 時をこえて楽しむ小学校古典の学習 | | 教育フォーラム四一 新しい学習指導要領 カリキュラム改革の理念と課題 P一〇〇～一一一 | 金子書房 | 二〇〇八年二月 | 人間教育研究協議会 編 |
| 17 | 日常生活・社会生活で必要とされる言語活動 | 新学習指導要領が分かるキーワード一六 | 実践国語研究 No.二八八 P四五～四六 | 明治図書 | 二〇〇八年四・五月号 | |
| 18 | 言語活動の充実を図るための各教科における授業の構成や進め方の改善のあり方（小学校） | | 各教科等における言語活動の充実 その方策と実践事例 P五六～五八 | 教育開発研究所 | 二〇〇八年一一月 | 高木展郎 編集 |
| 19 | 第三学年の年間指導計画例と授業構想 | | 小学校新学習指導要領の展開 国語科編 P一〇八～一一〇 | 明治図書 | 二〇〇八年一一月 | 新しい国語教育を創造する会 編著 |
| 20 | 言葉や人を大切にする子どもの育成を目指して | 新学習指導要領に期待する | 実践国語研究 No.二九三 P三〇～三二 | 明治図書 | 二〇〇九年二・三月号 | |
| 21 | 研修の場で飛び交う話題に切り込む 小学一年・週九時間の国語授業の運営術 | 移行期研修↓疑問に応える〝重点資料〟25選 | 学校マネジメント No.六二九 Vol.四八 P五五～五七 | 明治図書 | 二〇〇九年四月号 | |
| 22 | 説明的な文章「意見」「論説」の定義づけと指導の課題 系統を意識して学校全体で指導する | 新国語科の「解説」を言語活動に生かす | 国語教育 二〇〇九年八月号臨時増刊 No.七一二 P四七～四九 | 明治図書・国語教育臨時増刊号 | 二〇〇九年八月号 | 国語教育研究所 編 |

|  | 執筆原稿名 | 書籍全体のテーマ | 書籍名 | 出版社 | 出版年 | 監修・編集 |
|---|---|---|---|---|---|---|
| 23 | 初等教育資料　座談会<br>思考力・判断力・表現力をはぐくむ言語活動の充実とその具体化 | 思考力・判断力・表現力等の育成と言語活動の充実 | 初等教育資料<br>No.八五〇<br>P二六～三五 | 東洋館出版社 | 二〇〇九年八月号 |  |
| 24 | 国や教育委員会の支援 |  | 速解　新しい指導要録とこれからの評価<br>P七八～七九 | ぎょうせい | 二〇一〇年六月 | 無藤隆＋月刊悠編集部　編 |
| 25 | 言語活動の過程に応じて行う指導と評価 | 国語科の習得・活用をどう評価・評定するか | 国語教育<br>二〇一〇年七月号臨時増刊<br>No.七二五<br>P八三～八五 | 明治図書 | 二〇一〇年七月 | 国語教育研究所　編 |
| 26 | 小学校「読むこと　文学的な文章」<br>—多様な読みの力をつける— | 新しい指導要録 | 指導と評価<br>No.五六<br>P五〇～五三 | 日本図書文化協会<br>日本教育評価研究会 | 二〇一〇年八月号 |  |
| 27 | 各教科等における言語活動取組に学ぶポイント<br>考え表現する力を育成する言語活動の充実 |  | No.一　言語活動モデル事例集<br>P一五六～一六二 | 教育開発研究所 | 二〇一一年三月 | 水戸部修治　編集 |
| 28 | 「知識」と「経験」をストックする教師生活一〇か条 | 国語教師の自分磨き<br>→楽しい研究情報六七 | 国語教育<br>二〇一二年八月号<br>No.七五一<br>P七 | 明治図書 | 二〇一二年八月号 |  |
| 29 | 語録を編集する<br>本や文章を多読し心に響いた文章や言葉を編集する<br>コラム　学級文庫の充実 |  | 実践ナビ！<br>言語活動のススメ　モデル三〇<br>P一〇六～一〇七<br>P一五二～一五五 | 明治図書 | 二〇一三年九月 | 樺山敏郎　編著 |
| 30 | 第六学年＜文学＞　海の命<br>読後感に基づいたテーマ読書をして、本を推薦するブックガイドを作ろう |  | 実践ナビ！<br>言語活動のススメ　教科書授業Wプラン<br>高学年<br>P一二〇～一三一 | 明治図書 | 二〇一五年七月 | 樺山敏郎　編著 |
| 31 | 自然のかくし絵<br>だん落の内ようをとらえて読み、感そうをつたえ合おう |  | 読解力を育てる！<br>小学校国語　定番教材の発問<br>モデル　説明文編<br>アクティブ・ラーニング型授業づくりのヒント<br>P五五～五七 | 明治図書 | 二〇一五年七月 | 井上一郎　編著 |

【著者紹介】

## 上月　敏子（こうづき　としこ）

兵庫県芦屋市立山手小学校をはじめ、芦屋市立小学校教諭、教頭を経て平成15年から芦屋市立打出教育文化センター所長、山手小学校校長。平成20年4月より、芦屋市教育委員会学校教育部長。「子ども読書の街づくり」事業を推進する。芦屋市立精道小学校校長を最後に定年退職。その後、打出教育文化センター所長を経て、平成27年より大阪体育大学教育学部准教授。第42回博報賞（国語・日本語部門）文部科学大臣奨励賞受賞。

中央教育審議会初等中等教育分科会教育課程部会国語専門部会委員（平成15年～平成23年）。文部科学省「学習指導要領の改善等に関する調査」協力者。「小学校学習指導要領解説　国語編」作成協力者（平成18年～）。中央教育審議会初等中等教育分科会教育課程部会「児童生徒の学習評価の在り方に関するワーキンググループ」委員（平成21年～平成23年）。「全国学力・学習状況調査の分析・活用の推進に関する専門家会議」委員（平成21年～平成23年）。

【研究論文等】

「作品のもつ音楽性を表現に生かして」（『実践国語研究』№157、明治図書、1996年）。「『アナトール、工場へ行く』の教材研究―生き生きと活躍するねずみたち―」（『多様な読みの力を育てる文学の指導法　中学年「アナトール、工場へ行く」』明治図書、1998年）。「新領域「話すこと・聞くこと」の具体化」（『実践国語研究別冊』№.212、明治図書、2000年）。「言語活動の充実を図るための各教科における授業の構成や進め方の改善のあり方（小学校）」（『各教科等における言語活動の充実　その方策と実践事例』、教材開発研究所、2008年）。「時をこえて楽しむ小学校古典の学習」（『新しい学習指導要領　カリキュラム改革の理念と課題』金子書房、2008年）。「第三学年の年間指導計画例と授業構想」（『小学校新学習指導要領の展開　国語科編』明治図書、2008年）。「各教科等における言語活動取組に学ぶポイント　考え表現する力を育成する言語活動の充実」（『言語活動モデル事例集』2011年、教育開発研究所）他多数。

自己学習力を育てる国語教室
——言語活動を生かす授業の考え方と実践例——

平成26年２月22日　発　行
平成27年10月10日　二　刷

著　者　上月　敏子

発行所　株式会社　溪水社
広島市中区小町 1-4（〒730-0041）
電話 082-246-7909／FAX082-246-7876
e-mail: info@keisui.co.jp
URL: www.keisui.co.jp

ISBN978-4-86327-255-2　C3081